Die Wurzeln der Kunst

Die Entwicklung der Künste
in den fünf Epochen

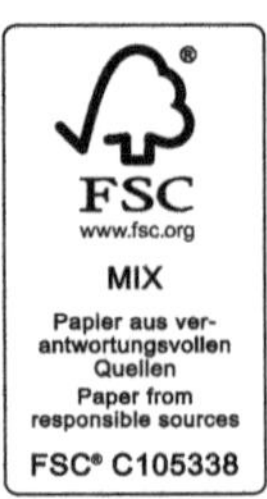

Inhaltsverzeichnis

I Kunst   **4**

II Das Umfeld der Kunst   **5**
    1. Logik   5
    2. Sprache   10
    3. Weltbild   14
    4. Religion und Magie   17
    5. Heilung   20
    6. Politik   22
    7. Gerechtigkeit   24

III Die verschieden Arten der Kunst   **26**
    1. Dichtkunst   26
    2. Musik   30
    3. Tanz   33
    4. Schauspielerei   35
    5. Malerei   37
    6. Körperbemalung, Tätowierung und Piercing   40
    7. Bildhauerei   42
    8. Architektur   45
    9. Städtebau   48
  10. Kleidung   50
  11. Färben und Sticken   52
  12. Schmuck   54

IV Zusammenfassung   **56**

Bücherverzeichnis   58

I Kunst

Kunst ist bekanntlich etwas, worüber man vortrefflich streiten kann: Was ist Kunst? Wann ist etwas Kunst? Gibt es objektive Merkmale oder ist das alles nur Geschmackssache? Dazu gibt es Meinungen fast wie Sand am Meer …

In dem vorliegenden kleinen Büchlein will ich lediglich einige grundlegende Entwicklungen vor allem aus der Frühzeit der Menschheit darstellen – eben die „Wurzeln der Kunst".

Dabei interessiert mich nicht die Frage, ob etwas schon Kunst ist oder vielleicht auch nicht mehr Kunst ist, sondern lediglich, auf welche Weise und in welchen Phasen sich der menschliche Ausdruck und seine Gestaltung seiner Umwelt entwickelt hat.

Dabei zeigt sich, daß sich die verschiedenen Bereiche parallel zueinander entwickelt haben, d.h. daß man in allen Bereichen der menschlichen Tätigkeit dieselben Entwicklungsphasen wiederfinden kann. Diese Epochen sind:

- Altsteinzeit
- Jungsteinzeit
- Königtum
- Materialismus
- Globalisierung

Diese Entwicklungen werden nicht in allen Details dargestellt, sondern nur in den großen Zügen, um zu zeigen, welche innere Logik dieser allgemeinen Entwicklung zugrundeliegt.

Um diese allgemeine Entwicklung schlüssig darstellen zu können, sind zu den verschiedenen Bereichen der Kunst noch einige Bereiche hinzugenommen worden:

Die allgemeine Entwicklung im Verlauf der fünf Epochen wird in den folgenden Bereichen beschrieben: Logik – Sprache – Weltbild – Religion und Magie – Heilung – Politik – Gerechtigkeit.

Die Entwicklung der Kunst im Verlauf der fünf Epochen wird in den folgenden Bereichen beschrieben: Dichtkunst – Musik – Tanz – Schauspielerei – Malerei – Körperbemalung und Tätowierung – Bildhauerei – Architektur – Städtebau – Kleidung – Färben und Sticken – Schmuck.

Bei Bedarf findet sich in meinem Buch „Die sieben Schritte des Lebens" eine ausführliche Schilderung der Logik und der Weltbilder in den verschiedenen Epochen.

II Das Umfeld der Kunst

In den folgenden sieben Kapiteln wird die Entwicklung der Sicht auf die Welt in den einzelnen Bereichen im Verlauf der fünf Epochen dargestellt, wobei die Entwicklungen in diesen sieben Bereichen natürlich alle miteinander zusammenhängen.

1. Logik

Mit „Logik" sind in diesem Kapitel die Prinzipien gemeint, mit denen die Menschen in der jeweiligen Epoche ihre Erlebnisse verarbeitet haben und mit deren Hilfe sie dann aus den Ergebnissen dieser Verarbeitung ihre Schlüsse gezogen haben. Diese Logik ist dann – logischerweise – auch jeweils die Grundlage der Sprache und des Weltbildes und daher letztlich auch der Kunst.

a) Altsteinzeit

Die älteste Form der „Datenverarbeitung" ist die Assoziation. Sie findet sich schon bei den meisten Säugetieren und somit auch bei den Menschen in der Altsteinzeit. Die Säugetiere verfügen über ein Gedächtnis und über die Fähigkeit, in aktuellen Situationen zu erkennen, daß sie eine ähnliche Situation schon einmal erlebt haben und auch, wie sie sich damals verhalten haben und welche Wirkung das gehabt hat. Die Erinnerung wird also mit der aktuellen Wahrnehmung assoziiert. Daraus ergibt sich die Fähigkeit, nicht nur reflexhaft reagieren zu können, also nach einem vorprogrammierten Verhaltensmuster, sondern lernen zu können und das eigene Verhalten mithilfe der eigenen Erfahrungen weiterzuentwickeln.

Dieses Assoziations-Prinzip führt unter anderem dazu, daß in Säugetieren und daher auch in Menschen das Gedächtnis assoziativ geordnet ist. Das bedeutet, daß in dem Gedächtnis alle Erlebnisse mit einer konkreten Person, mit einer Tierart, mit einer Handlung usw. als Komplex gespeichert sind, also eine Gruppe von Erinnerungen bildet, die es dem Betreffenden ermöglichen, z.B. bei der Begegnung mit einem bestimmten Tier sofort alle Erinnerungen an frühere Begegnungen mit diesem Tier oder dieser Tierart präsent zu haben.

Sobald die Menschen eine Sprache entwickelt hatten, war es zudem möglich, diese Erinnerungs-Komplexe auch anderen zu erzählen und somit kollektiv zu lernen, indem bestimmte Erfahrungen durch Weitererzählen in der Gruppe bewahrt bleiben.

Dieses „soziale Gedächtnis" ist mit dem verwandt, was man das „kollektive Unterbewußtsein" nennt.

Die Informationsverarbeitung mithilfe von Assoziationen ist auch heute noch die unterste, fundamentale Schicht der Psyche. Nach der Assoziations-Logik bilden sich noch heute Träume, Ahnungen, Wünsche und die meisten Bewertungen.

In der individuellen Entwicklung entspricht diese Epoche dem Säugling. Man kann diese Haltung als ein „Ja" zu allem beschreiben.

Freud nennt dies die „orale Phase".

b) <u>Jungsteinzeit</u>

In der Jungsteinzeit (ab 10.000 v.Chr.) bildeten sich die ersten Dörfer, da man aufgrund von Ackerbau und Viehzucht (statt wie in der Altsteinzeit durch Jagen und Sammeln) nun eine viele effektivere Nahrungsmittelversorgung hatte und daher in deutlich größeren Gruppen zusammenleben konnte.

Das gab jedoch – datentechnisch gesprochen – einen Input-Overkill. Es war nicht mehr möglich, alle 500 Bewohner des Dorfes mithilfe von Assoziationen genauso gut zu kennen wie vorher die 10-20 Mitglieder der eigenen Jagdgruppe.

Die Lösung war der abstraktere Vergleich. Daraus ergab sich die Vorstellung, daß alle Jäger forsch, alle Bauern langsam, alle Steinmetze sorgsam usw. sind. Durch den Vergleich ergab sich die Möglichkeit, ganze Gruppen von Personen, Tieren, Dingen, Ereignissen, Handlungen, Jahreszeiten usw. zu beschreiben. Die Elemente dieser Gruppen haben ungefähr dieselben Grundeigenschaften, d.h. sie gleichen sich, sie sind sich ähnliche, sie sind analog zueinander.

Die Verwendung der Analogie-Methode bot die Möglichkeit einer ersten allgemeinen Orientierung. Im Einzelfall wurde dann der betreffende Mensch durch Assoziationen genauer beschrieben (sonst wären Vorurteile entstanden).

Durch dieses Verfahren ergab sich ein Weltbild, in dem alles Ähnliche miteinander in Analogie stand. Diese Analogie-Eigenschaften, also die Qualitäten, die eine Gruppe von Elementen gemeinsam hat (z.B. alle Töpfer) bildet dann das Urbild dieser Gruppe – den Töpfergott.

In der Altsteinzeit gab es nur die konkreten Bilder, die sich aus Assoziationen zu konkreten Menschen, Tieren, Dingen usw. ergaben – seit der Jungsteinzeit gibt es auch die Urbilder, die eine ganze Gruppe von Menschen, Tieren, Dingen usw. beschreiben.

Die Gesamtheit all dieser Urbilder sowie das Verhältnis dieser Urbilder zueinander bildet dann die Mythologie der betreffenden Menschengruppe.

In der Altsteinzeit werden nur die ganz grundlegenden Dinge wie „Mutter", „Sex", „Blut" u.ä. übergeordnete Symbole gebildet haben, die allen verständlich gewesen sind, aber auch sie wurden noch durch Assoziationen (Erlebnisse) und nicht durch Analogie (Vergleiche) gebildet.

Mithilfe der Analogien ließ sich auch die große Vielfalt in dem Leben der Menschen in der Jungsteinzeit beschreiben.

In der individuellen Entwicklung entspricht diese Epoche dem Kleinkind. Man kann diese Haltung als ein „Nein!" zu dem, was man nicht will, beschreiben. Das „Ja" in dieser Epoche entspricht dem Dorf, den Gärten, dem Ackerland und den Weiden, also dem Bereich der Kultur – das „Nein!" entspricht der Wildnis, den Raubtieren und den Dieben, also dem Bereich der Natur.

Freud nennt dies die „anale Phase".

<u>c) Königtum</u>

Das Königtum (ab 3250 v.Chr.) entstand aus zwei Impulsen heraus:

- Der erste Impuls war der Drang, einen größeren Bereich zu kontrollieren. Dieser Impuls entstand hauptsächlich bei den Völkern, die vor allem von der Viehzucht gelebt haben. Diese Hirten mußten ihre Herden gegen Raubtiere und gegen Viehdiebe (Hirten des Nachbarstammes) verteidigen – sie waren also kriegerischer als die Ackerbauern.

Der zweite Impuls stammt von den Ackerbauern, die erkannten, daß die Bewässerung ihrer Felder effektiver wird, wenn sich die Bauern eines großen Bereiches zusammentun, sich absprechen, ihre Bewässerungsgräben aus einem einheitlichen Entwurf heraus anlegen und sie gemeinsam instandhalten.

Aus diesen beiden Impulsen heraus bildeten sich größere Einheiten als nur der Stamm oder das Dorf, die in der Jungsteinzeit die größte Organisationsform der Menschen gewesen sind.

Eine solche große Einheit ließ sich nur noch zentral organisieren – wobei dieses Prinzip von dem „Anführer der Herden" bei den Viehzüchtern übernommen worden sein wird. Auf diese Weise entstand der König.

Diese zentrale Organisation ergab wieder eine neue Form von Logik. Damit alles zentral gelenkt werden konnte, mußte alles gezählt und festgehalten werden. Aus diesen Listen von Zahlen, neben denen Bildern des Gezählten standen, ist das

Zahlensystem und die Schrift entstanden – beide dienten zunächst der Buchhaltung und der Verwaltung.

Im Königtum gibt es eine zentrale Lenkung, der alles untergeordnet wird – wobei dieses System nur solange funktioniert, wie die zentrale Lenkung auch das Allgemeinwohl im Auge hat.

In dieser Epoche entstand die Weisungsbefugnis, der Befehl, der soziale Zwang – und zugleich das „Ziehen an einem Strick" durch die Allgemeinheit, wodurch eine wesentlich größere Effektivität der Handlungen der Gemeinschaft erreicht wurden.

Im Denken entstand aus diesem Prinzip heraus die Philosophie, d.h. die Herleitung aller Dinge von einem zentralen Punkt aus – die Philosophie ist das Spiegelbild des Königtums im Denken.

In der Psyche entstand als Spiegelbild zum Königtum das selbstbewußte und selbstbestimmte Ich.

Im Alltag entstand die zentral gelenkte Verwaltung mit ihren Anweisungen, Formularen und Listen.

Die Dinge werden nun nicht mehr einfach angeschaut (Assoziation) oder verglichen (Analogie), sondern von einem vorgegebene Raster (Formular) aus erfaßt und bewertet.

In der individuellen Entwicklung entspricht diese Epoche dem Kind. Man kann diese Haltung als ein „Ich!!!" beschreiben.

Freud nennt dies die „phallische Phase".

d) Materialismus

Das Königtum hat den eigenständigen Standpunkt erschaffen. Daraus ergab sich die Möglichkeit, sich der Welt gegenüber zu stellen und sie objektiv, d.h. unbeteiligt zu betrachten. Daraus ergab sich wiederum die Möglichkeit, die Details, die Struktur und die Dynamik der Dinge zu erfassen und sie mit Zahl und Maß zu beschreiben.

Diese Epoche des Materialismus begann um ca. 1500 n.Chr. Sie erschuf die Distanz des Subjekts zum Objekt, das sachliche Denken, die Analyse, die Naturwissenschaften, die Erfindungen und die Industrialisierung.

Diese Schicht der Logik und des Denkens ist die, die uns heute am vertrautesten ist. Sie ist die vierte und derzeit noch weitgehend oberste Schicht: Unten am Fundament sind die Bilder der Assoziationen, darüber die Urbilder der Analogien, darüber dann die Prinzipien des Ichs, und ganz oben schließlich das sachliche Denken, das eine Sache analysiert.

Die Ergebnisse dieses analytischen Ansatzes sind die mathematischen, physikalischen, chemischen, biologischen, psychologischen und wirtschaftlichen „Formeln".

In der individuellen Entwicklung entspricht diese Epoche dem Jugendlichen. Man kann diese Haltung als ein „Du?" zu dem anderen Geschlecht und zu der Umgebung allgemein beschreiben.
Freud nennt dies die „genitale Phase".

e) Globalisierung

Die Logik der Epoche der Globalisierung (ab ca. 1940) ist noch ziemlich neu und daher noch nicht voll ausgebildet. In dieser Epoche wird in Zusammenhängen, Systemen, gegenseitigen Abhängigkeiten, Kreisläufen, Grenzwerten usw. gedacht, um zu dauerhaften, stabilen und nachhaltigen Verhaltensweisen für das „System Erde" oder eines seiner Sub-Systeme zu gelangen.
Dies ist ein Denken aus einem kollektiven Blickwinkel heraus.

In der individuellen Entwicklung entspricht diese Epoche dem Erwachsenen, der eine Familie gegründet hat. Man kann diese Haltung als ein „Wir." beschreiben.
Man könnte dies die „adulte Phase" nennen.

2. **Sprache**

Die Sprache ergibt sich aus den Strukturen, in denen die Informationen im Gehirn gespeichert werden.

So ist z.B. eine sachliche Schlußfolgerung nicht möglich, wenn sich das analytische Denken noch nicht entwickelt hat …

a) **Altsteinzeit**

Eine rein assoziative Sprache verbindet zunächst einmal Laute mit Dingen. Wenn in der Gruppe von zusammenlebenden Menschen alle dieselben Laute mit derselben Sache assoziieren, ergibt sich die Möglichkeit einer abstrakten Kommunikation.

Kinder erlernen zunächst einmal Substantive – auch sie erkennen also, daß bestimmte Laute zu bestimmten Dingen gehören und daß man durch diese Laute auf diese Dinge hinweisen kann.

Wenn es eine solche Sprache gibt, die zunächst nur aus Substantiven besteht, kann man die Adjektive und Verben, die es ja noch nicht gibt, durch Lautstärke, Klangfarbe usw. ausdrücken – es macht einen Unterschied, ob man das Wort „Fleisch" fragend flüstert („Fleisch?") oder ob man es brüllt („Fleisch!").

Man kann auch Substantive als Adjektive benutzen. Wenn man einen guten Jäger als „Panther-Mann" bezeichnet, weiß jeder, was damit gemeint ist: Aufgrund der Assoziationslogik muß ein „Panther-Mann" ein Mann sein, der die Eigenschaften eines Panthers hat – und folglich auch so gut wie Panther jagen kann.

Eine „Kuh-Frau" ist entsprechend eine fruchtbare Frau, die viele Kinder geboren hat und sie mit ihrer Milch stillt.

Ein „Vogel-Mensch" ist schließlich ein Bild für die Astralreise, die man bei einem Nahtod erlebt: Man verläßt seinen Körper und schwebt über ihm und ist daher „wie ein Vogel", also ein „Vogel-Mensch". Dieses Motiv wird heute „Seelenvogel" genannt (Engel, Vogel mit Menschenkopf, Mensch mit Vogelkopf, Mensch mit Federkleid usw.)

Schließlich ist es naheliegend, das einfachste aller Worte für das Wichtigste zu verwenden – das einfachste Wort ist dasjenige, das man zuerst lernt und das daher das, was am wichtigsten ist und was man am meisten will, bezeichnet. Das einfachste Wort entsteht, wenn man mit geschlossenem Mund einen Laut von sich gibt („m") und dann, damit er lauter wird und besser zu hören ist, den Mund öffnet („a"). Daraus ergibt sich das dann das Wort „ma", das in allen Sprachen „Mutter" bedeutet. Die Mutter ist somit „die, die gerufen wird".

Auch das älteste zusammengesetzte Wort, das sich in den meisten heutigen

Sprachen wiederfindet, bezieht sich auf etwas sehr wichtiges. Es lautet „Malika" und setzt sich aus „ma" für „Mutter" und „lika" für „lecken" zusammen. Beides zusammen ergibt dann das Wort „Malika" für „Milch". Es ist also das Säugen bzw. das Gestilltwerden gemeint.

Auch „malika" ist ein Wort, das wie „Panther-Mann" durch die Assoziation von zwei anderen Worten entstanden ist – nur daß es hier schon ein Verb gibt.

b)   Jungsteinzeit

Die komplexesten Strukturen, die in der Sprache durch Assoziationen entstehen können, sind zusammengesetzte Substantive wie „Panther-Mann", „Kuh-Frau", „Vogel-Mensch" u.ä.

Durch die Analogien in der Jungsteinzeit ergibt sich jedoch eine neue Möglichkeit: Man kann mehrere Substantive hintereinander setzen – und wenn dies immer in derselben Weise getan wird wie z.B. „Subjekt – Objekt", also erst der Handelnde und dann das, worauf sich die Handlung bezieht, ist der Anfang einer Grammatik entstanden. Die Wortfolge ist ein Urbild, die jedem Sprechenden zeigt, in welcher Folge er die Worte sprechen muß, und die jedem Zuhörenden zeigt, wie der Zusammenhang zwischen diesen Worten gemeint ist.

Wann die Verben und die Adjektive entstanden sind, ist nicht ganz sicher erkennbar. Vermutlich hat es anfangs keine so klare Unterscheidung zwischen „Substantiv", „Verb" und „Adjektiv" gegeben. Auch in den heutigen Sprachen wird oft vom Klang her kaum z.B. zwischen „Wärme", „wärmen" und „warm" unterschieden.

Die Differenzierung in Substantive, Verben und Adjektive könnte in der Jungsteinzeit entstanden sein, als die Grammatik (Satzbau) es ermöglicht hat, differenzierte Zusammenhänge darzustellen. Dabei könnten zunächst die Handlungs-Substantive wie „Lauf", „Kampf", „Jagd" usw. zu Verben geworden sein und dann auch die Ergänzung-Substantive wie „Panther" in „Panther-Mann" zu Adjektiven geworden sein.

Es scheint so etwas wie eine natürliche Grammatik zu geben, die sich immer wieder spontan neu bildet, wenn Menschen mit verschiedenen Sprachen zusammenleben und eine gemeinsame Verständigung suchen. Diese Sprachen werden „Pidgin" oder „Kreolen-Sprache" genannt, und entsprechen offensichtlich der Sprache in der frühen Jungssteinzeit. Auch die meisten kleinen Kinder, die ihre Muttersprache noch nicht vollständig erlernt haben, benutzen diese Art der Grammatik – unabhängig davon, was ihre konkrete Muttersprache ist.

Die gemeinsamen Eigenschaften dieser Kreolen-Sprache – und vermutlich auch der

Grammatik der Jungsteinzeit – sind:

- Es gibt keine Anhäufungen von Konsonanten, sondern nur einfache Silben, oft in der Form „Konsonant – Vokal – Konsonant". Dieser Aufbau der Worte findet sich auch noch in den frühesten schriftlichen Überlieferungen (Ägypten, Sumer u.a.).

- Es werden nur einfache Vokale (a, e, i, o, u,), aber keine sekundären Vokale (ä, ö, ü, ei, eu usw.) verwendet.

- Die Tonhöhe, in der ein Wort gesprochen wird, verändert nicht dessen Bedeutung.

- Der Satzbau ist „Subjekt – Verb – Objekt".

- Der Satzbau ist sehr einfach. Es gibt z.B keine eingeschoben Nebensätze.

- Es gibt keine Flexionen der Worte – ein Wort ist immer gleich. Es gibt also keine Endungen, Vokal-Veränderungen für Einzahl/Mehrzahl, Zeiten, Fälle usw. Die Bedeutung des Wortes innerhalb des Satzes wird nur durch seine Stellung in der Wortfolge deutlich. Dieses Prinzip findet sich noch heute z.B. in der chinesischen Sprache.

- Die Zeit wird durch ein Wort gekennzeichnet, daß dem Verb vorangestellt wird.

- Der Plural und der Superlativ werden durch Wortverdopplung gekennzeichnet (Mann → MannMann; groß → großgroß).

- Es gibt keine Kennzeichnung der wörtlichen Rede.

c) Königtum

Das Königtum mit seiner Zentralverwaltung und seinen Anweisungen hat vermutlich komplexere Sätze entstehen lassen – das ist ja noch heute als „Behörden-Deutsch" gut bekannt.

Diese Tendenz liegt darin begründet, daß in einer Verwaltung alles formal behandelt wird, d.h. nach einem vorgegeben Raster – und die Kombination von mehreren solchen Rastern kann für den ungeübten „nicht-Verwaltungsmenschen" schon recht unübersichtlich und anspruchsvoll sein.

Aus dieser Zeit stammen auch die ganzen logischen Partikel wie „wenn", „dann", „aber", „nichtsdestotrotz", „fernerhin" usw., die die komplexen logischen Zusammenhänge innerhalb des Satzes veranschaulichen. Dies läßt sich u.a. an der Entwicklung der altägyptischen Sprache erkennen, die anfangs noch mit recht wenigen logischen Partikeln ausgekommen ist.

d) Materialismus

Im Materialismus hat sich vor allem der Wortschatz sehr stark erweitert, da viele Fachbegriffe für die neuen Entdeckungen, die Wissenschaft, die Industrie und das immer komplexer werdende Leben benötigt wurden.

e) Globalisierung

Ob die Globalisierung zu einer neuen Form der Sprache führen wird, muß sich erst noch zeigen. Es ist durchaus denkbar, daß sich grammatische oder lexikalische Formen herausbilden, die Zusammenhänge deutlicher werden lassen.

3.   Weltbild

Aus der Logik ergibt sich nicht nur die Sprache, sondern auch das Weltbild, da das Weltbild letztlich nichts anderes ist als die Gesamtheit der Erlebnisse, die mithilfe der Logik möglichst effektiv geordnet worden sind, sodaß sie eine optimale Orientierung in der Welt ermöglichen.

a)   Altsteinzeit

Die Assoziation schafft einzelne, konkrete Bilder wie z.B. einen bestimmten Bruder, mit dem im eigenen Gedächtnis alles assoziiert ist, was man jemals mit ihm erlebt hat. Es gibt auch einige Gruppen von Erinnerungen wie z.B. „alle Mütter", die dann als „Urmutter" erscheinen.

Die Inhalte des damaligen Weltbildes sind die Jagd, das Sammeln, die Wohnhütten, die Ahnen, die Arten der Tiere (Raubtiere, Herdentiere, Vögel, Schlangen usw.), die alle eine bestimmte Symbolik haben (Raubtiere = Stärke; Herdentiere = Fruchtbarkeit; Vögel = Seele; Schlangen = Ahnen) usw.

Die Schwitzhütte ist ein Symbol für den Mutterbauch, für die Wärme der Geborgenheit, für den schützenden Kreis der Ahnen und für die Qualitäten der Tiere, die die damaligen Menschen erlangen wollten.

Weitere Elemente sind die Höhlenmalerei, die schlichten Altäre, der rote Ocker als Symbol des Blutes und des Lebens, die Totempfähle (Pfahl = Leib; Vogel obenauf = Seele) und die Frauenstatuetten (Symbole der Mutter).

b)   Jungsteinzeit

Das Weltbild dieser Epoche ist die Mythologie, also die übergeordnete organische Gesamtheit der Urbilder. Die Grundstruktur ist der Gegensatz „Diesseits – Jenseits", zu dem noch der Gegensatz „Kultur – Natur" hinzukommt.

Die zentrale Gestalt ist der Korngott. Das Leben des Getreides wird dem Leben eines Menschen gleichgesetzt, wodurch der Korngott gleichzeitig auch zu dem Totengott wird. Das Korn/Mensch-Gleichnis sieht wie folgt aus:

                - Aussaat   = Zeugung
                - Keimen   = Geburt
                - Wachsen   = Leben
                - Ernte   = Tod
                - Lagerung   = Jenseits

Die meisten Urbilder in der Mythologie werden zu Gottheiten. Die Mythen stellen sowohl das dar, was geschieht, wenn man etwas „richtig" macht, also auch das, was geschieht, wenn man etwas „falsch" macht. Diese „Richtigkeit" ist das zentrale Element in der jungsteinzeitlichen Weltanschauung: Sie ist das mündlich überlieferte Wissen darum, wie etwas am besten funktioniert – die Tradition.

c) Königtum

Das Weltbild des Königtums wird durch den Monotheismus geprägt, der die Übertragung des Königtums auf die Welt der Götter ist. Alle Ereignisse in der Welt leiten sich von Gottes Willen ab; alle Handlungen im Königreich leiten sich von dem Willen des Königs ab; alles Wissen leitet sich auf philosophische Weise von einer ersten Ursache ab; alle individuellen Handlungen leiten sich von dem eigenen Willen ab.

An die Stelle des durch die Tradition überlieferten und durch den Kult wachgehaltenen Wissens der Jungsteinzeit über die „Richtigkeit" tritt im Königtum der Befehl des Königs – alles wird zentral gelenkt.

d) Materialismus

Im Materialismus entscheidet jeder Einzelne über sich selber und die Mehrheit über die Gemeinschaft. Alles ist Analyse und die Durchsetzung des Stärksten bzw. der Mehrheit. Das Weltbild ist daher wissenschaftlich und industriell. Alles ist möglich und alles ist nur durch die anderen begrenzt.

Das ist das Weltbild, das der Pubertät entspricht.

<u>e)   Globalisierung</u>

Dieses Weltbild befindet sich noch in der Entstehung. Es wird durch Zusammenhänge, Kreisläufe und Grenzwerte beschrieben. In ihm spielt die gegenseitige Beeinflussung und Abhängigkeit die zentrale Rolle. Daher ist dieses Weltbild von Vertrauen (das Ganze trägt den Einzelnen) und Verantwortung (der Einzelne trägt das Ganze) geprägt.

Die Welt wird daher als eine organische Einheit, als ein Kontinuum aufgefaßt und erlebt.

4. Religion und Magie

Religion und Magie beschreiben die „Innenseite der Welt", also den Bereich des Bewußtseins und die Dinge, die man dort erleben kann.

a) Altsteinzeit

In der Altsteinzeit wird es aufgrund der Assoziations-Logik die Mutter als zentrales Bild gegeben haben und darum herum die übrigen Bilder wie das Stärke-Raubtier, das Fruchtbarkeits-Herdentier, den Seelen-Vogel, die Ahnen-Schlange, den Blut-Ocker usw. Für manches davon wurden auch schon Bilder geschaffen: Bilder von Kuh-Frauen, Statuetten von Panther-Männern, Totempfähle, Höhlenmalereien usw.

Dieses bildhafte Bezugssystem hatte seinen Kernpunkt in der Schwitzhütten-Zeremonie, in der die Teilnehmer wieder in die Große Mutter zurückkehren – die Schwitzhütte wurde als der Bauch der Großen Mutter aufgefaßt.

Durch die Auffassung der Ankunft der Seelen der Toten im Jenseits als einer zweiten Geburt, also einer Wiedergeburt, entstanden die Motive der Wiederzeugung, der Wiedergeburt und des Wiederstillens.

Die Magie ist eine Assoziations-Magie, d.h. eine Kontakt-Magie: Der Jäger, der ein Pantherfell trägt, erhält durch das Fell, d.h. durch die Assoziation von sich selber mit einem Panther, auch die Kraft eines Panthers.

b) Jungsteinzeit

In der Jungsteinzeit erscheinen neben der Muttergöttin der Korn- und Totengott sowie der Wildnisgott, die die beiden Seiten des Diesseits darstellen. Die verschiedenen Urbilder für bestimmte Menschengruppen, Lebewesen und Dinge wurden zu Gottheiten und die sich immer wiederholenden Ereignisse zwischen ihnen wurden zu den Mythen.

Die Magie ist eine Analogie-Magie, d.h. ein Ereignis wird dadurch hervorgerufen, daß man etwas dem erwünschten Ereignis Entsprechendes tut: Man gießt Wasser aus, damit es bald regnet.

c) Königtum

Im Königtum werden die vielen Gottheiten der Jungsteinzeit zunächst zu einer Götter-Sippe zusammengefaßt, dann wird der Sonnen- und Königsgott zu dem Vater dieser Sippe, dann zu dem König dieser Sippe, dann werden die Gottheiten zu Aspekten des Sonnengottes und schließlich wird der Sonnen- und Königsgott zu dem einzigen Gott. So entstand der Monotheismus. Der „Eine Gott" war das Ebenbild des Königs.

Die Magie ist eine Gottes-Magie: Da alle Macht von dem Einen Gott ausgeht, besteht Magie darin, daß man diesen Einen Gott darum bittet, die eigenen Wünsche zu erfüllen.

d) Materialismus

In dieser Epoche wird das Bewußtsein als Nebeneffekt der Materie angesehen, wodurch es zum ersten mal zu einem Weltbild kommt, in dem das Bewußtsein, die Religion und die Magie keine wesentliche Rolle spielen. Das Weltbild besteht ausschließlich aus der Erforschung und dem Wissen über die Materie und der Nutzung dieses Wissens.

Die Magie wird in diesem Weltbild durch Erfindungen und Technik ersetzt. Die Magie und die Religion werden in den Randbereich der „irrealen Menschen" verdrängt.

e) Globalisierung

In dieser Epoche werden alle bisherigen Weltbilder zu einer neuen Synthese verbunden – einfach deshalb, weil alle Aspekte des menschlichen Daseins integriert werden müssen, damit eine funktionierende, nachhaltige Lebensweise auf der Erde entstehen kann.
Diese Entwicklung hat mit der Psychologie (Wieder-Integrierung der Bewußtseinsseite des Menschen) und der Gründung der UNO (Notwendigkeit der Kooperation der Staaten auf der Erde zur Vermeidung von Atomkriegen) begonnen.

Magie und Religion werden als zentrales Thema den „Einzelnen in dem Ganzen" haben. Da dabei das Ganze als ein Kontinuum (Globalisierung) angesehen werden wird, wird es eine Magie geben, die ihr Fundament in dem Erleben von sich selber als Teil des Ganzen hat. Diese Magie wird ihre Kraft folglich aus dem „Fluß der Dinge" erhalten und vermutlich ein wenig an den Taoismus erinnern.

<u>5. Heilung</u>

Auch bei der Heilung von Wunden und Krankheiten lassen sich im Verlauf der Epochen verschiedene Ansätze erkennen.

<u>a) Altsteinzeit</u>

Die Heilungsmethoden aus dieser Epoche lassen sich zum größten Teil nur durch den Vergleich mit Naturvölkern schlußfolgern. Zu diesen Methoden gehören:

- pflanzliche Heilmittel
- Wärme
- Geborgenheit in der Gruppe
- Anrufung der Ahnen, der Muttergöttin und der Tiere in der Schwitzhütte
- Jenseitsreise des Schamanen
- Handauflegen (Lebenskraft-Heilung)

Es hat allerdings auch schon gute chirurgische Kenntnisse gegeben, wie der Fund des Skeletts eines Mannes aus der Altsteinzeit zeigt, der mit einem amputierten Arm noch längere Zeit gelebt haben muß (der Knochen hat sich nach dem Schnitt noch weiterverändert).

Es hat auch schon aufwendige Zahnbehandlungen gegeben.

Die damalige Heilkunst ist also durchaus differenziert und effektiv gewesen.

Sie war in erster Linie eine Erfahrungswissenschaft.

<u>b) Jungsteinzeit</u>

In der Jungsteinzeit ist u.a. die Analogie-Magie als Heilmethode hinzugekommen, deren moderner Nachfolger die Homöopathie ist.

Weiterhin entstand auch das Prinzip des Gleichgewichts der Elemente, die z.B. zu den heute noch in Tibet üblichen Heilungsmethoden wie dem Trinken von bestimmten Mengen von Wasser in bestimmten zeitlichen Abständen in bestimmten Körperhaltungen geführt hat – mit denen sich u.a. Gelbsucht heilen läßt.

Die Bitte an die Ahnen um Heilung ist in dieser Zeit durch die Bitte an die Götter ergänzt worden.

Neben die Erfahrung traten in dieser Epoche allgemeinere Überlegungen wie die

Verwandtschaft der Krankheit zu Kräutern u.ä. (Fieber – Feuer) oder Ungleichgewichte im Körper (zu viel Wasser).

c) Königtum

Ab der Mitte dieser Epoche kam die Selbstverantwortung, die Selbstfindung und die Selbstheilung hinzu, die durch die rechte Lebensführung, die Meditation und die Mysterienkulte unterstützt wurden.

Es gab nun auch Systematiken wie die Zuordnung von Gottheiten, Zaubersprüchen und Amuletten zu jedem einzelnen Körperteil.

Die Ursachen für die Krankheiten wurden in Gott bzw. in dem Verstoßen des Kranken gegen eine göttliche Regel gesehen.

d) Materialismus

Der in dieser Epoche übliche analytische Ansatz hat die konkreten Ursachen der Krankheiten (Viren, Bakterien u.a.) untersucht und von ihnen dann Heilmethoden abgeleitet.

e) Globalisierung

In dieser Epoche werden die verschiedenen Heilungs-Ansätze aus den vier vorigen Epochen miteinander kombiniert und zudem mit den psychologischen Kenntnissen aus der Frühzeit dieser Epoche verbunden.

Daraus ergibt sich ein Ansatz, der sowohl körperliche als auch psychische, soziale, magische und religiöse Gesichtspunkte umfaßt.

6. Politik

Auch in diesem Bereich hat es deutlich verschiedene Ansätze für die Entscheidungsfindung innerhalb der Gemeinschaft gegeben.

a) Altsteinzeit

In der Altsteinzeit wird man demjenigen gefolgt sein, der erfahrungsgemäß das beste Urteil und die größten Fähigkeiten hatte. Das können in verschiedenen Lebensbereichen durchaus verschiedene Menschen gewesen sein.

Solche Strukturierungen der Gruppendynamik anhand der natürlichen Autorität in bestimmten Bereichen kann man z.B. auch in Affenscharen oder Pferdeherden finden.

b) Jungsteinzeit

Im Prinzip wird die vorige Form der Entscheidungsfindung beibehalten worden sein, aber die deutlich größere Anzahl an zusammenlebenden Menschen brachte es mit sich, daß es z.B. innerhalb der Gruppe der Schamanen eine Hierarchiebildung durch das Maß an Erfahrung und Erfolg gab. Dasselbe galt natürlich auch für die Zimmermänner, die Steinmetze, die Bauern, die Händler, die Fischer, die Hirten, die Weber usw.

Es gab also nicht mehr die Entscheidungen aller Dinge in der Gesamtgruppe wie in der Altsteinzeit, sondern die Entscheidungen innerhalb einzelner Tätigkeitsbereiche durch die in ihr tätige Personengruppe.

c) Königtum

Diese Epoche brachte eine deutliche Änderung mit sich: Der König bestimmte alles. Um alles in guter Weise bestimmen zu können, braucht er natürlich viele und auch möglichst genaue Informationen und zudem Sachverständige, also Berater, die in ihrem Bereich auch wirklich die Besten waren.

In der Jungsteinzeit gab es die einzelnen Lebens- und Tätigkeitsbereiche und ihnen eine Hierarchie, die auf den Fähigkeiten begründet war – im Königtum gab es eine allgemeine Hierarchie und der König scharte die jeweils Besten in einem Bereich als Berater um sich.

d) Materialismus

In dieser Epoche werden die Entscheidungen per Mehrheitsbeschluß getroffen: Demokratie. Alle sind gleichberechtigt und zählen gleichviel.
Es gibt allerdings eine ausgeprägte Tendenz des Rückfalls zu der vorigen Form der Herrschaft: die Autokratie, die Diktatur, die Partei-Diktatur u.ä.

e) Globalisierung

Die Ansätze der Form der Herrschaft in dieser Epoche wird durch die allgemeine Notwendigkeit zur Kooperation geprägt: Ansätze dazu sind die UNO, die Klimakonferenzen, Boykotts von Staaten die einen Krieg beginnen usw.

7. Gerechtigkeit

Auch die Vorstellungen über Gerechtigkeit, also darüber, wie man Konflikte innerhalb der Gemeinschaft löst, haben eine lange Entwicklung hinter sich und werden sich auch noch weiter entwickeln.

a) Altsteinzeit

In kleinen Gemeinschaften von der Größe einer Familie bis hin zu einer kleinen Sippe ergeben sich alle Entscheidungen aus der Gemeinschaft heraus. Möglicherweise gibt es ein paar Regeln, die jedoch eher den Charakter von instinktiven Verhaltensweisen haben werden wie z.B. den Schutz der Kinder.

Es wird getan, was derjenige sagt, den die Gruppe in dem Bereich, in dem ein Streit vorliegt, für den Fähigsten und Erfahrensten hält. Die meisten Dinge werden jedoch – wie in vielen Familien noch heute – einfach getan und man ordnet sich unter.

Der Einzelne hat natürlich die Möglichkeit, die Gemeinschaft zu verlassen, aber das Überleben wird alleine sehr schwierig gewesen sein. Daher war das letzte Mittel, um bei einem unlösbaren Streit den Zusammenhalt in der Gruppe wieder herzustellen, der Ausschluß eines Gruppenmitgliedes aus der Gemeinschaft.

b) Jungsteinzeit

In solch großen Gemeinschaften wie in der Jungsteinzeit konnten nicht mehr alle gemeinsam über jeden Streitfall entscheiden, weil nicht alle Menschen alle anderen kannten. Daher wurden in jedem Fall einzelne Menschen dazu bestimmt, eine Lösung zu finden. Dies konnten Vertreter beider Parteien, erfahrene Menschen aus dem Bereich, in dem der Streit stattfand, oder einfach die Ältesten der Gemeinschaft sein.

Es scheint überall zwei Punkte gegeben zu haben, über die dabei beraten und entschieden wurde:

- Wie kann der angerichtete Schaden wieder ausgeglichen werden?
- Wie kann der, der den Schaden angerichtet hat, wieder dazu gebracht werden, wieder zugunsten der Gemeinschaft zu handeln?

Wenn der Betreffende zum Wiederholungstäter wurde, wurde er schließlich verbannt, d.h. aus der Gemeinschaft ausgeschlossen. Das bedeutete, daß er auch nicht mehr den Schutz der Gemeinschaft genoß, d.h. im Extremfall vogelfrei war – dann jeder konnte ihn ungestraft töten.

c) Königtum

In dieser Epoche trat der Wille des Königs an die Stelle des „Ältestenrats". Was der König wollte, wurde getan – und Widerspruch und Widerstand wurde bestraft.

Es gab jedoch schon sehr früh erste Listen über „richtige Urteile". Daraus entwickelte sich dann nach und nach eine Gesetzessammlung, die für alle galt – aber der Wille des Königs stand stets über dem Gesetz bzw. er konnte das Gesetz jederzeit wieder ändern.

d) Materialismus

Ein allgemeingültiges Gesetz, das zudem auf allgemeinen Menschenrechten basierte, entwickelte sich erst in dieser Epoche. Zumindestens im Prinzip wurden nun alle Menschen gleich behandelt und über alle gleich gerichtet. Es gab (und gibt) aber natürlich noch immer Mächtige, die Wege finden, sich dem Gesetz zu entziehen.

e) Globalisierung

Das neue Vorgehen, das ansatzweise schon heute zu erkennen ist, ist die Frage, was eine Handlung für die Gemeinschaft aller Menschen bedeutet. Das beinhaltet das Verbot von umweltschädlichen Techniken, die Reduzierung von Massenvernichtungswaffen, die Ausgrenzung und Isolierung von aggressiven Staaten, der internationale Gerichtshof usw.

Auf der individuellen Ebene ist es bereits zu ersten Versuchen der Integration der Psychologie in die Urteilsfindung gekommen: Es wird auch der psychische Zustand des Täters betrachtet und das Urteil dementsprechend modifiziert.

Es gibt auch erste Ansätze zu Strafen, die nicht nur in Geldzahlungen oder aus Haft bestehen, sondern durch die dem Täter eine Verpflichtung auferlegt wird, die der begangenen Tat entspricht und die Einsicht des Täters in die Folgen seines Verhaltens fördern könnte.

III   Die verschieden Arten der Kunst

Die Entwicklung der verschiedenen Kunstformen zeigen dieselbe Entwicklung wie das Umfeld, in der sie stattgefunden haben.

Man kann die Formen in diesem Kapitel daher aus den Formen in dem vorigen Kapitel ableiten.

1.   Dichtkunst

Die Formen der Dichtkunst ergeben sich aus der Logik, der Sprache und dem Weltbild der jeweiligen Epoche, wobei zu diesem Weltbild natürlich auch die Magie und die Religion gehören.

a)   Altsteinzeit

Vermutlich kann man in dieser Epoche noch nicht von einer Dichtkunst sprechen – es sei denn, daß es Menschen gegeben hat, die ein besonderes Talent dafür gehabt haben, mithilfe von zwei Substantiven treffend Menschen, Dinge und Situationen zu beschreiben.

Diese frühesten „Dichter" hätten dann nicht nur solche Begriffe wie „Panther-Mann", „Kuh-Frau" und „Vogel-Seele" zur Verfügung gehabt, sondern könnten auch kreativere Kombinationen erschaffen haben wie „Baldrian-Bruder" für einen Bruder, der so bitter und mürrisch und einengend wie Baldrian ist, „Honig-Frau" für eine Geliebte, „Sonnen-Haar" für einen blonden Menschen usw.

Das wäre eine sehr schlichte, aber auch sehr bildhafte und anschauliche Form der Dichtkunst gewesen. Ob es sie tatsächlich gegeben hat, weiß man natürlich nicht, aber da es alle Voraussetzungen dafür gegeben hat und auch noch heute jeder derartige Wortschöpfungen mühelos verstehen kann, ist es ausgesprochen wahrscheinlich, daß es auch schon in der Altsteinzeit solche Wortschöpfungs-Dichter gegeben haben wird.

b) Jungsteinzeit

Das Prinzip der Analogie, das sich in der Sprache als Grammatik zeigt, ermöglicht ganz neue Formen der Dichtkunst. Zum einen sind nun Sätze möglich, die die Darstellung komplexerer Zusammenhänge ermöglichen, und zum anderen entsteht durch das Denken in Analogien auch die Möglichkeit, analoge Sätze zu erschaffen.

Dadurch sind gleich drei Dinge entstanden: das Versmaß, der grammatische Reim und der inhaltliche Reim.

- Das Versmaß wird anfangs vermutlich einfach der Wechsel zwischen einer betonten und einer unbetonten Silbe gewesen sein oder eine festgelegte Anzahl an betonten Silben pro Zeile. Das paßt auch gut zu den damals noch recht einfachen Worten (siehe das Kapitel „Sprache").
- Der grammatische Reim besteht darin, daß zwei Sätze aufeinander folgen, die dieselbe Anzahl von Worten haben und die auch denselben grammatischen Aufbau haben.
- Schließlich gibt es noch den inhaltlichen Reim, bei dem in zwei aufeinander folgenden Zeilen exakt dieselbe Aussage steht.

In der Regel wird das Versmaß mit dem grammatischen oder inhaltlichen Reim kombiniert. Diese Formen der Dichtkunst finden sich z.B. noch in den frühen Dichtungen von Sumer und Ägypten oder in den Zaubersprüchen der Germanen („galdr-lag").

Ein Beispiel für einen grammatischen Reim ist:

Das Wasser tropft aus dieser Schale –
Der Regen rinnt aus dieser Wolke.

Diese beiden Verse illustrieren zudem das Prinzip des Analogie-Zaubers: Das Ausgießen von Wasser bewirkt das Regnen. Diese Reimform zeigt deutlich einen logischen Zusammenhang ohne das sie die heute dafür notwendigen logischen Partikel „wenn … dann …" zu verwenden braucht. Der grammatische Reim übernimmt also die Funktion von logischen Partikeln im Satzbau.

Ein Beispiel für einen inhaltlichen Reim ist:

Der Pharao ist wie ein Löwe in der Wüste,
Der König ist wie ein Panther in der Steppe.

Da die Verdopplung in den frühen Sprachen wie in den heutigen Pidgin- und Kreolen-Sprachen eine Möglichkeit ist, einen Plural oder einen Superlativ zu bilden, wird der Pharao durch diese Verse auch als der Stärkste (Superlativ) dargestellt. Eine dritte Verwendung der Verdopplung eines Wortes ist die Schaffung eines Substantivs aus einem Verb oder Adjektiv.

Der Inhalt dieser Dichtungen werden zu einem großen Teil die Kult-Texte und die Geschichte des Stammes gewesen sein. Auch die frühesten erhaltenen Dichtungen haben bei fast allen Völkern diese beiden Bereiche zum Thema.

c) Königtum

Im Königtum ist das Formular erfunden worden, mit dessen Hilfe einzelne Aspekte der großen Vielfalt erfaßt werden konnten: die Anzahl der Bewohner eines Dorfes, die Größe der Felder dieses Dorfes, die Anzahl der Rinder in diesem Dorf usw.

Daher wurde auch die Dichtkunst formaler: Es gab nun zum einen lange Listen von Eigenschaften des Sonnengottes; detaillierte Ausführungen, wie der Eine Gott alles erschaffen hat; Gerichtsverhandlungen im Jenseits, die poetisch formulierte Listen enthalten; usw.

Auch die Art des Reimes wurde mit der Zeit formaler, auch wenn sie sich noch lange Zeit vor allem auf das Verfassen von Hymnen mit festem Versmaß beschränkt hat.

Erst spät kamen dann auch die formaleren Reimformen auf, die z.B. aus dem gut bekannten Endreim bestanden, aber es gab auch sehr viel kreativere Reimformen, die vor allem von den Germanen sehr fein ausgefeilt worden sind und z.B. Regeln wie „ein Widerspruch wie 'hoch – tief' in jeder vierten Zeile", „ein Superlativ am Anfang jeder zweiten Zeile", „zwei Halbreime wie 'Hund – Hand' in jeder zweiten Zeile" oder „mindestens drei Worte pro Zeile mit demselben Anfangsbuchstaben" (Stabreim).

d) Materialismus

Zum einen wurden die Gedichte in dieser Epoche sehr viel individueller und stellten nicht mehr den Einen Gott oder den König dar, sondern eben persönliche Erlebnisse – zum anderen wurden die Gedichtformen immer vielfältiger und freier und lehnten manchmal absichtliche jegliche Reimform als einengend ab.

Die Dichter wurden zudem oft zu Schriftstellern, die Romane verfaßt haben – oder die letztlich aufgrund ihres Sprachtalents ein Dasein als Werbetexter fristen mußten.

Es wäre gut denkbar, daß in dieser Epoche zur schlüssigen Darstellung von Gesamtzusammenhängen alle Dichtkunst-Elemente der bisherigen Epochen verwendet und kombiniert werden:

1. <u>Altsteinzeit</u>:   die Möglichkeit der anschaulichen Wortneuschöpfung, um bestimmte Sachverhalte deutlich zu machen wie z.B. „globales Dorf".

2. <u>Jungsteinzeit</u>:   der Aufbau von Argumentationen in Analogie wie z.B.: „Vertrauen bedeutet, daß der Einzelne vom Ganzen getragen wird – Verantwortung bedeutet, daß das Ganze vom Einzelnen getragen wird."

3. <u>Königtum</u>:   der schlüssige Aufbau der Argumentation, die von einem Ziel ausgeht und von ihm die notwendigen Schritte ableitet

4. <u>Materialismus</u>:   die sorgfältige Analyse der Situation, mögliche neue Erfindungen und derzeitige Wahlmöglichkeiten

5. <u>Globalisierung</u>:   die Berücksichtigung aller Zusammenhänge, aller Betroffenen und aller Folgen

Es fällt auf, daß seit dem Beginn dieser Epoche in der Literatur die Sciencefiction-Werke und die Fantasy-Bücher eine immer größere Rolle spielen. Dort werden wieder Magie und Götter in das Weltbild integriert und die Kooperation in einer Gruppe von oft sehr gegensätzlichen Helden ist ausgesprochen wichtig.

2. Musik

Die Entwicklung der Musik verläuft zwar in derselben Weise wie die Dichtkunst, also in denselben Epochen-Stufen, aber die einzige direkte Verbindung zwischen der Sprache und der Musik ist der Gesang – und es gibt ja auch viel Musik ohne Gesang.

a) Altsteinzeit

Es hat schon in der Altsteinzeit einige Musikinstrumente gegeben: Flöten aus Geier-Flügelknochen, Trommeln aus Fellen, die auf einen Rahmen zum Gerben aufgespannt worden sind, und die Sehnen von Bögen. Dies sind die Urahnen der Blasinstrumente, der Schlaginstrumente und der Saiteninstrumente.

Die Löcher auf den damaligen Flöten lassen vermuten, daß es damals eher einfache und auch viele verschiedene Tonleitern gegeben hat. Man kann zudem vermuten, daß der Gesang zunächst pentatonisch gewesen ist, da dies die einfachste Tonleiter ist, d.h. die Tonleiter, deren Töne am einfachsten zu finden sind und die zusammen mit dem Grundton am harmonischsten klingen.

Es ist fraglich, ob es bereits einen Takt gegeben haben wird – möglicherweise nur beim Trommeln.

Aufgrund der damaligen Begrenztheit der Sprache wird es vermutlich im Gesang nur einzelne, wiederholte Worte oder spontane Rufe gegeben haben.

b) Jungsteinzeit

Viele Elemente der Musik entstehen durch Wiederholungen: der Takt, der Rhythmus, der Refrain und das musikalische Thema. Da die Wiederholung eine Form der Analogie ist, kann man davon ausgehen, daß diese Elemente in der Jungsteinzeit entstanden sind. Diese musikalischen Formen entsprechen der Grammatik in der Sprache.

In dieser Epoche wird es auch das einfache Lied – vermutlich meistens mit einem gemeinsam gesungenen Refrain – gegeben haben.

Die Instrumente werden in dieser Epoche weiterentwickelt worden sein und nicht mehr so sehr einem Geier-Flügelknochen, einem zum Gerben aufgespannten Fell oder einem Bogen geähnelt haben. Der Bogen ist z.B. mit einem Klangkörper versehen worden, wodurch die Bogenharfe entstanden ist. Flöten sind auch aus Ton und später aus Metall hergestellt worden und die Trommeln haben einen größeren Klangkörper erhalten.

Zudem ist anzunehmen, daß in dieser Epoche auch mehrere Instrumente in demselben Takt dieselbe Melodie gespielt haben werden und von Trommeln begleitet worden sind.

Die Musikstücke werden hauptsächlich traditionelle Weisen gewesen sein, zu denen ab und zu einmal eine neue Melodie oder ein neues Lied hinzukam.

c) Königtum

Im Königtum wurde Musik zunehmend systematischer und komplexer gestaltet. Zudem wurde sie von größeren Gruppen von Musikern ausgeübt. Es wird zudem eine Normierung der Tonhöhen („Kammerton A") gegeben haben.

In der Spätphase des Königtums entstanden dann die großen, formal durchstrukturierten Musikformen wie die Fuge, die Sinfonie, die Oper und ähnliches.

Diese großen Musikwerke erforderten eine zentrale Leitung durch einen Dirigenten und sie hatten auch einen einzelnen Komponisten als Urheber und beruhten nicht mehr auf der Tradition wie zuvor in der Jungsteinzeit.

Die späte Epoche des Königtum ist die Epoche der klassischen Musik – sowohl in Europa als auch in Asien.

d) Materialismus

Die Musik hat sich erst einige Zeit nach dem Ende der Epoche des Königtums weiterverwandelt. Die Epoche des Materialismus hat zwar um ca. 1500 begonnen, aber das Königtum fand erst um ca. 1850 ein allgemeines Ende – es gab also eine Übergangszeit von 350 Jahren.

Die „neue Musik", die sich durch die Betonung des Rhythmus, individuelle Texte, eine größere Emotionalität und eine größere Vielfalt an Instrumenten auszeichnet, entstand erst ab ca. 1920. Nach dem Zweiten Weltkrieg hat die Musik dann durch die elektrischen Instrumente (E-Gitarre, Hammond-Orgel, Synthesizer u.a.) noch einmal ein größeres klangliches Spektrum erhalten.

Eine neue Form der Musik ist bislang noch nicht erkennbar – wenn man einmal von der Tendenz, die verschiedensten Musikrichtungen miteinander zu verbinden, absieht.

3. Tanz

Der Tanz ist eine Bewegung des Körpers, die keinem konkreten Zweck wie Jagen oder Kochen dient, sondern ein Gefühl ausdrückt.

a) Altsteinzeit

Vermutlich hat es in der Altsteinzeit Tänze gegeben, in denen die Tänzer die Tiere dargestellt haben, deren Eigenschaften sie haben wollten. Wahrscheinlich werden sie bei diesen Tänzen die Felle, Hörner, Federn usw. dieser Tiere getragen haben. Diese Tänze waren somit Magie-Tänze, deren Tier-Pantomimen magisch wirken sollten.

Wahrscheinlich wird sich jeder Tänzer weitgehend eigenständig bewegt haben, da dies der damaligen Musik und der damaligen Sprache entsprochen haben wird.

b) Jungsteinzeit

Nun kommt in dem Tanz die Analogie hinzu, d.h. der Takt und der Rhythmus. Aus der Jungsteinzeit sind auch Tiertänze bekannt, insbesondere Tänze von losen Gruppen von Panther-Tänzern, die recht wahrscheinlich Schamanen gewesen sein werden. Es ist gut denkbar, daß die Schamanen damals schon Ekstase-Tänze gekannt haben.

Auf den Abbildungen aus dieser Zeit sind auch Gruppentänze zu sehen, bei denen die Tänzer in Reihen tanzen. Es hat den Anschein, als ob Männer und Frauen getrennt voneinander in Reihen getanzt hätten. Vermutlich haben diese Tänze große Ähnlichkeit mit einfachen Volkstänzen gehabt.

c) Königtum

In dieser Epoche wurden die Tänze immer stärker geregelt und wurden daher immer formaler.

Zunächst waren dies die Tempeltänze, die halbpantomimisch die Mythen der Götter dargestellt haben.

Gegen Ende dieser Epoche entstanden schließlich die Bälle an den Königshöfen und das Klassische Ballett und ähnliche streng choreographierte Tänze in anderen Kulturen.

d) Materialismus

Die Tänze wurden wie die Musik ab ca. 1920 immer freier und individueller und zugleich auch wilder, emotionaler und teilweise auch aggressiver. Der Tanz wurde zu einem Ausdrucksmittel für die eigenen Gefühle.

e) Globalisierung

Man kann zumindestens vermuten, daß es wieder zu mehr Gemeinschaftstänzen kommen wird, die allerdings keiner vorgegebenen Choreographie folgen werden, sondern eher eine gemeinsame Improvisation sein werden, bei der man jedoch die anderen Tänzer wahrnimmt und sich gegenseitig miteinbezieht.

4. Schauspielerei

Das Schauspiel stellt etwas dar, was konkret nicht vorhanden ist. Dies ist auch ein Element der Magie und teilweise auch der Religion. Es gibt daher auch einen fließenden Übergang vom Schauspiel zu pantomimischen Tänzen.

a) Altsteinzeit

Das Tragen von Tierfellen sowie von Hörnern und Federn bei Tiertänzen geht schon in die Schauspielerei über, wobei diese Schauspielerei allerdings eine ganz konkrete magische Wirkung haben sollte. Die bekanntesten Motive aus dieser Epoche sind die Statuetten, Höhlenmalereien und Felsgravuren, die Panther-Männer, Hirsch-Männer und Kuh-Frauen darstellen.

Möglicherweise gab es auch ganz praktische Schauspielerei wie bei den Indianern, die sich teilweise Wolfsfelle umhingen, um sich näher an Bison-Herden anschleichen zu können. Ob es in der Altsteinzeit solche Jagd-Verkleidungen gegeben hat, läßt sich allerdings nicht mehr feststellen auch wenn es gut denkbar ist.

b) Jungsteinzeit

Wahrscheinlich wird es im Kult Verkleidungen und die Darstellung von Gottheiten, Urahnen, Tieren usw. gegeben haben. Evtl. sind auch die Erzählungen der Stammesgeschichte von Verkleidungen unterstützt worden – so wie es sie noch heute z.B. im tibetischen Buddhismus gibt.

c) Königtum

Die Kult-Schauspiele, die aus den meisten frühen Kulturen wie z.B. Ägypten bekannt sind, wurden nach und nach in Schauspiele im engeren Sinne umgewandelt, in denen individuelle Situationen, Schicksale und Erlebnisse dargestellt worden sind: die Komödie und die Tragödie.

Das „individuelle Theater", also das Theater, das nicht primär von religiösen Themen geprägt war, ist um ca. 600 v.Chr. in Griechenland entstanden. Dies ist dieselbe

Zeit, in der von China bis Europa die verschiedenen Weisheitslehren und Mysterien-
kulte entstanden sind, die die Eigenverantwortung und die Eigenständigkeit der
Menschen zum Ziel hatten. Das „individuelle Theater" ist somit ein Aspekt der
Eigenständigwerdung der Menschen in Eurasien um diese Zeit.

d) Materialismus

Im Materialismus ist das Theater noch sehr viel individueller und meistens auch
realitätsnäher geworden, d.h. es werden psychische Konflikte dargestellt und soziale
Mißstände angeprangert.

Das Theater ist in dieser Epoche wie der Materialismus selber vollkommen un-
religiös geworden. Oft wird der Alltag eines ganz normalen Menschen dargestellt.

e) Globalisierung

Das Theater dieser neuen Epoche kann man bisher nur ahnen. Es ist auffällig, daß in
den neuen Kinofilmen (die das Theater weitgehend ersetzt haben) die Superhelden,
die oft magische Kräfte besitzen, offenbar an die Stelle der Götter getreten sind und
daß die Bildung von Gruppen, die zusammenarbeiten eine wichtige Rolle spielen.

Das sind beides Aspekte, die gut zu der Epoche der Globalisierung passen, in der
zum einen die Religion und die Magie wieder integriert werden und in der zum
anderen die Kooperation das zentrale Element ist.

Dieselben beiden Phänomen finden sich auch in den online-Gruppenrollenspielen:
Man spielt die Rolle eines Menschen mit besonderen Fähigkeiten und man hat meistens nur dann Erfolg, wenn man mit anderen kooperiert.

5. Malerei

Die Malerei läßt sich bis in die späte Altsteinzeit zurückverfolgen. Sie ist die Form der Kunst, über die es aus der Alt- und Jungsteinzeit die meisten Funde gibt: An über 300 Orten befinden sich teilweise bis zu 1000 Einzelbilder.

a) Altsteinzeit

Die ältesten erhaltenen Bilder sind ca. 50.000 Jahre alt und befinden sich in Höhlen, weshalb sie „Höhlenmalereien" genannt werden. Es gibt auch „Felsmalereien", die sich im Freien unter Felsüberhängen befinden, aber diese sind deutlich jünger, da sie anfälliger für Verwitterung sind.

Diese steinzeitlichen Malereien bestehen zu über 99% aus Tieren, die damals folglich die prägenden Symbole in der Psyche der Menschen gewesen sein müssen.

Die Häufigkeit der dargestellten Tiere entspricht weder ihrer Häufigkeit in der Natur noch ihrer Häufigkeit in dem „Speiseplan" der damaligen Menschen. Daraus ergibt sich, daß diese Tiere eine symbolische Bedeutung haben müssen. Diese Schlußfolgerung wird dadurch bestätigt, daß die verschiedenen Tierarten auch innerhalb der Höhlen ungleichmäßig verteilt sind – es gibt verschiedene Mischungen von Tierarten in den verschiedenen Höhlenbereichen, also im Eingangsbereich, in den Gängen, in den Hallen und in den Nischen.

Weiterhin finden sich in den Höhlen auch Ritualplätze, die von Steinen freigeräumt worden sind und in denen Sitzsteine im Kreis liegen.

Die Tier-Bilder haben keine bestimmte Anordnung an einem Ort – es gibt z.B. kein allgemeines „Unten". Sie sind teilweise sogar übereinander gemalt worden. Der Zusammenhang zwischen einzelnen Bildern wird nur durch die Nähe und Ferne zueinander deutlich. Es gibt lediglich einige wenige kleine Szenen, in denen mehrere Motive klar zueinander gehören wie z.B. das von einem Speer verletzte Wisent, der liegende Jäger und der Seelenvogel auf einem Stab in der Darstellung eines Jagdunfalls. Der Vogel-Stab ist der Vorläufer des Totempfahls.

Diese Form der Darstellung entspricht dem Prinzip der Assoziation.

Ein interessantes Motiv ist die „zweifache Frau" bzw. die Frau, die mit ihrem linken Arm nach oben und mit ihrem rechten Arm nach unten weist. Beide Motive sind ein Hinweis auf die „zwei Welten", also auf Diesseits und Jenseits. Die Frau ist daher die „Mutter der Menschen im Diesseits und im Jenseits".

b) Jungsteinzeit

Eine wichtige Neuerung in den Malereien der Jungsteinzeit ist die Darstellung von Gruppen: Reihen von Tänzern, Gruppen von Panther-Tänzern (Schamanen), Reihen von Hütten, mehrfache Darstellungen von Geiern (Muttergöttin der Seelenvögel) in einem Tempel und ähnliches.

Es gibt nun in den Darstellungen ein allgemeines „Unten".

Auch die Abbildung von Szenen wie z.B. Bestattungen oder die detaillierte Darstellung von Gebäuden oder erste einfache Landkarten der näheren Umgebung werden deutlich häufiger.

Weiterhin wurden auch Portraitbilder, die offensichtlich konkrete Menschen darstellen, üblicher als in der Altsteinzeit, in der sie extrem selten sind.

c) Königtum

In der Epoche des Königtums verändert sich die Malerei sehr deutlich: Alles wird geordnet – was dem Charakter der Zentralverwaltung mit ihren Formularen entspricht.

Zunächst einmal wird die Standlinie eingeführt, auf der alle an einer Szene beteiligten Personen, Tiere und Dinge stehen. Weiterhin werden die Menschen, Tiere und Dinge auch auf eine einheitliche Weise, d.h. in einem festgelegten Stil dargestellt.

Auch die Schrift, die zu Beginn des Königtums aus Buchführungsgründen entwickelt worden ist, ist zunächst einmal eine Gruppe von „standardisierten Bildern" mit einer eng festgelegten Bedeutung.

In den Darstellungen finden sich nun fast nur noch Szenen bestimmter Abläufe oder Zusammenhänge. Es tauchen zudem die ersten Landkarten auf, die größere Bereiche darstellen.

Im Verlauf des Königtums werden die Malereien immer komplexer bis gegen Ende dieser Epoche die in den Bildern dargestellten Gestalten auch einen Hintergrund erhalten.

Prägend für diese Epoche sind die Formalisierung, die Stilisierung und die Darstellung von Gesamtzusammenhängen (meistens mit einem Gott oder dem König im Zentrum). Zu dieser Gemäldeform gehört auch das Mandala.

Es gab auch schon in der Jungsteinzeit vereinzelt Symbole, aber erst im Königtum fanden sie eine weitere Verbreitung – sehr wahrscheinlich durch die Entwicklung der Schriftzeichen angeregt, die ja auch Symbole waren.

d)   Materialismus

Die Malerei wird nun sehr individuell und teilweise auch verfremdeter und abstrakter – der Einzelne lebt seine Freiheit im Umgang mit der Farbe aus.

e)   Globalisierung

Eine neue Form der Malerei, die dieser Epoche entspricht, ist bisher noch nicht klar erkennbar.

Man kann immerhin eine „Multi-Media-Malerei", die stabile und nachhaltige Gesamtzusammenhänge darstellt, vermuten.

6. Körperbemalung, Tätowierung und Piercing

Man kann das Schmücken des Körpers mit Farbe als einen Zweig der Malerei ansehen, aber da er sich eigenständig entwickelt hat, erscheint er hier auch gesondert.

a) Altsteinzeit

Aus dieser frühen Zeit ist nur die Verwendung des roten Ockers als Symbol des Blutes und somit auch des Lebens bekannt. Da sich dieser rote Ocker auch in großen Mengen auf dem Boden von Wohnhöhlen findet, kann man davon ausgehen, daß sich die Menschen damals in Ritualen mit diese roten Farbe angemalt haben, um ihre Lebenskraft zu stärken.

Ob das Piercing aus dieser oder aus der nächsten Epoche stammt, ist nicht ganz sicher – vermutlich gab es diesen Brauch schon in der Altsteinzeit, in der die Zähne, Stacheln und Federn der Tiere, die man dabei benutzt hat, dann eine symbolischen Charakter gehabt haben werden und dazu gedient haben, eine Verbindung zu dem betreffenden Tier herzustellen.

b) Jungsteinzeit

Es gibt zwar aus dieser Epoche keine direkten sicheren Funde, aber aus späteren Kulturen, die noch auf die Weise wie in der Jungsteinzeit gelebt haben.

Es lassen sich zwei Formen der Körperbemalung unterscheiden: zum einen die großflächige, unstrukturierte Bemalung vor Kämpfen und zum anderen die Streifenbemalung vor Ritualen, die ausgeführt wird, indem man die Finger in Farbe taucht und dann über den Körper streicht.

Aus dieser Epoche stammen auch die ersten bekannten Tätowierungen (Skythen). Sie stellen vor allem Tiere und nur selten Menschen oder Dinge dar.

c) Königtum

In dieser Epoche findet sich die Körperbemalung nur ganz am Anfang und kann daher als ein Nachklang der Jungsteinzeit angesehen werden. Am bekanntesten ist die rituelle Bemalung aus dem frühen Ägypten – dort wurden Teile des Gesichtes mit Symbolen bemalt. Es ist allerdings wenig Genaues über die Verwendung der damaligen „Schminkpaletten" bekannt.

d) Materialismus

In dieser Epoche wird die Tätowierung, das Piercing und die Körperbemalung (vor allem als Schminken) zu einer Form des persönlichen Selbstausdrucks.

e) Globalisierung

Eine neue Entwicklung, die dieser Epoche entspricht, läßt sich bisher noch nicht beobachten.

7. Bildhauerei

Zu der Bildhauerei zählen hier neben der Steinbearbeitung auch das Töpfern und das Schmieden.

a) Altsteinzeit

Aus der Altsteinzeit sind neben den vielen Frauenstatuetten aus Stein oder Ton auch Elfenbein-Schnitzereien von Panther-Männern und lebensgroße Ton-Statuen von Bären in Höhlen bekannt.

Auch die Bearbeitung von Stein zur Herstellung von Steinwerkzeugen (Faustkeil, Schaber, Spitzen usw.) gehört zunächst einmal noch zur Bildhauerei. Die Anfänge der Bildhauerei, die zunächst einmal noch eine „Werkzeughauerei" gewesen ist, reichen daher 2,5 Millionen Jahre zurück.

Vermutlich hat es jedoch noch einiges mehr gegeben, das sich nicht erhalten hat. So weist z.B. der Vogel-Stab in der Höhlenmalerei und die Vielfalt der steinernen Totempfähle zu Beginn der Jungsteinzeit darauf hin, daß es während der späten Altsteinzeit bereits eine differenzierte Tradition von großen Totempfählen gegeben haben muß – anders ließe sich auch die weltweite Verbreitung der Totempfähle (außer in Afrika) nicht erklären.

Man kann also in der Altsteinzeit von einer differenzierten und technisch hochstehenden Bearbeitung von Stein und Holz mit einer sehr langen Tradition ausgehen. Es hat sich jedoch erst vor ca. 50.000 Jahren aus der „Werkzeughauerei" auch eine Bildhauerei entwickelt.

Den vor ca. 300.000 Jahren in Bilzingsleben in Thüringen am Rande von mehreren Wohnhütten errichteten Altar, auf dem ein Stierschädel sowie mehrere Fragmente von Menschenschädeln gelegen haben, kann man als die älteste Installation (Arrangement von Gegenständen) ansehen. Aus dieser Zeit stammen auch einige geometrische Ritzungen auf Knochen.

Eine ähnliche Installation ist der Schädel eines Neandertalers in einer Tropfsteinhöhle, der zwischen mehrere Tropfsteine gelegt worden ist.

b) Jungsteinzeit

Die Werke der Bildhauerei wurden nun größer, differenzierter und wurden dem Bau der ersten Tempel in Göbekli Tepe und Umgebung im Norden von Mesopotamien eingegliedert. Es gab weiterhin sowohl Statuen aus Stein als auch aus zunächst noch ungebranntem Ton.

Ein Zweig der Bildhauerei in der frühen Jungsteinzeit war die Herstellung der „kubistischen" Pfeiler der Tempel, die stark stilisierte Menschen darstellen. Diese rechteckigen Pfeiler waren bis zu 6m hoch.

Aus diesen Pfeilern sind dann durch Vereinfachung die Menhire in den Steinkreisen und in den Steinalleen geworden. Auf diesen Menhiren finden sich nur noch vereinzelte Gravuren.

Es gab in der mittleren Jungsteinzeit in Mesopotamien auch eine Tradition der Herstellung von lebensgroßen Portraitköpfen mit stark individuellen Gesichtszügen. Diese Tradition stand sehr wahrscheinlich im Zusammenhang mit dem Totenkult.

Auch die Bildhauerei wurde von der Analogie-Magie geprägt. So ist z.B. aus Mesopotamien eine Sichel bekannt, deren Griff als Antilopenkopf geschnitzt worden ist. Diese Sichel sollte offenbar das Getreide genauso schneiden können wie es die Zähne der Antilopen können, die die mühsam angelegten Getreidefelder plünderten.

c) Königtum

Die Bildhauerei wurde in dieser Epoche wie auch die übrige Kunst formalisiert, stilisiert und in den Dienst der Königs- und Gottes-Verherrlichung gestellt. Teilweise wurden die Werke der Bildhauer riesig wie der bronzene „Koloss von Rhodos", also der 30m hohe Sonnengott Helios, die Heere von lebensgroßen Ton-Kriegern in den Gräber der chinesischen Kaiser oder die fast 150m hohen, glänzend-glatt polierten ägyptischen Pyramiden zeigen.

d) Materialismus

Die Bildhauerei wurde nun wieder sehr viel privater und individueller und auch kleiner. Zudem bildeten sich verschiedene Zweige der Bildhauerei, in denen mit den verschiedensten Materialien gearbeitet wird und die bis hin zur „Verpackungskunst" und zur „Installation" reichen.

Eine neue Entwicklung in der Bildhauerei, die sich auf die Epoche der Globalisierung bezieht, ist noch nicht erkennbar.

8. Architektur

Der Bau von Hütten und Häusern reicht sehr weit zurück bis in die frühe Altsteinzeit.

a) Altsteinzeit

Schon vor 2 Millionen Jahren wurden in der frühen Altsteinzeit die ersten Hütten
errichtet – nur 500.000 Jahre, nachdem die Steinbearbeitung erfunden worden ist.

Diese Hütten bestanden aus einer kreisförmigen Mauer von aufeinandergelegten
Steinen mit einem kuppelförmigen Dach aus Ästen, Fellen, Laub und ähnlichem.
Diese Hütten sahen ungefähr wie eine Halbkugel aus und glichen weitgehend den
heutigen Iglus – wobei der kurze Gang vor der Hütte erst zum Beginn der Eiszeit vor
600.000 Jahren hinzukam, um die Wärme besser in der Hütte halten zu können.

Diese Hütten wurden als der Bauch der Mutter empfunden. Zu Beginn der Eiszeit
entwickelte sich daraus die Schwitzhütte: eine mit glühenden Steinen beheizte
Wohnhütte, in der die Muttergöttin, die Ahnen und die Tiergeister gerufen wurden.

Es interessant, daß die Reste einer Hütte gefunden wurde, die ganz aus Mammut-
Knochen hergestellt worden war. Vermutlich ist die Muttergöttin nicht nur (wie die
Höhlenmalereien und die frühen schriftlichen Religionen zeigen) als Kuh aufgefaßt
worden, sondern auch als Mammut.

Diese Hütten standen manchmal in kleinen Gruppen von bis zu fünf Hütten beieinander. Sie hatten keine bestimmte Anordnung, sondern orientierten sich am
Gelände – so wie man dies auch bei den Tipis bei Indianer-Treffen beobachten kann.

Manchmal wohnten die damaligen Menschen auch in Höhlen, aber das ist eher
selten – weil es nicht viele Höhlen gab.

b) Jungsteinzeit

In der Jungsteinzeit gab es zunächst weiterhin die runden Hütten, die in unge-
ordneter Form in kleinen Gruppen beieinander standen.

Die Schwitzhütten wurden nun mit größerem Aufwand hergestellt und wurden zu
den ersten Tempeln:

- Sie bestanden aus einer äußeren Ringmauer mit einer Äste/Felle-Kuppel – der Bauch der Mutter.

- Darin befand sich eine zweite, innere Ringmauer mit einer Äste/Felle-Kuppel – das Kind im Bauch der Mutter.

- Beide Kreismauern waren mit einer kurzen Mauer verbunden – die Nabelschnur.

- Zu der äußeren Ringmauer führte ein Gang aus zwei Steinmauern und einem Äste/Felle-Dach – die Vagina der Mutter.

- Vor dem Gang stand eine Steinplatte mit einem Loch, durch das hindurch man in den Gang kriechen konnte – die Scham der Mutter.

- Links und rechts neben diesem Eingang stand je ein steinerner Panther – die Kraft der Mutter, die auch eine Jagdgöttin war.

- In der inneren Mauer standen meistens acht Steinpfeiler, die stark stilisierte Menschen dargestellt haben und die Nachfolger der Totempfähle waren – die schützenden Ahnen.

- In der Mitte standen zwei große Steinpfeiler – die Urbilder von Leib und Seele.

Durch das Fortlassen der Mauern und die Reduzierung auf die Pfeiler in diesen Mauern entstand der Steinkreis, der durch eine Steinallee ergänzt wurde, die dem Gang entsprach.

Durch die Errichtung von Schwitzhütten aus Steinen und Erde für die Toten entstanden die Hügelgräber – auch sie enthalten eine zentrale Kammer und einen Gang, der zu ihr führt.

Ab ungefähr 8500 v.Chr., als der Ackerbau und die Viehzucht erfunden wurden, errichtete man nicht nur die Schwitzhütten-Pfeiler in eckiger Form („Archäo-Kubismus"), sondern auch die Tempel und die Wohnhütten, die dadurch zu „Häusern" wurden.

Die Wohnhäuser standen ohne Lücke eng aneinander gebaut und hatten den Eingang auf dem Dach. Dadurch waren diese Häuser wie ein einziges großes Haus mit vielen Zimmern und Eingängen. Man gelangte über die Dächer der anderen Häuser zu ihnen – es gab keine Straßen, Wege und Plätze in dieser Art von Dorf. Derartige Häuser-Gruppen finden sich auch in Nordamerika vor allem in den Canyons der südlichen USA.

Diese Dörfer hatten sozusagen eine natürliche Stadtmauer – die Mauern der Häuser, die am Außenrand dieser Häusergruppe standen.

Erst gegen Ende der Jungsteinzeit wurden auch Dörfer aus vereinzelt stehenden Häusern errichtet.

c) **Königtum**

In dieser Epoche blieb die Form der Häuser weitgehend erhalten. Sie hatten allerdings nun einen ebenerdigen Eingang, also eine Öffnung in der Mauer. Sie standen weiterhin in Gruppen aneinander gebaut, allerdings nur noch in Reihen, sodaß die Eingänge zu den Wegen zwischen diesen Reihen frei blieben.

Es kamen nun deutlich größere Tempel, Totentempel (wie z.B. die Pyramiden) und Königspaläste hinzu. Insbesondere in der späteren Zeit der Epoche des Königtums wurden diese Großbauten konzentrisch angelegt.

d) **Materialismus**

Die Haupt-Wohnform war in dieser Epoche das mehrstöckige Haus in der Stadt. Sie standen an dem Rand von Straßen. In der Mitte dieser Häuser-Reihen an den Straßen entstand ein Innenraum, der oft zur Anlage von Gärten genutzt wurde.

In der Spätzeit des Materialismus entstanden Wohnsilos und Hochhäuser.

e) **Globalisierung**

Eine neue Wohnform ist bislang nicht erkennbar – wenn man von einigen Ansätzen wie z.B. hufeisenförmige angelegten Gebäuden mit ca. 50 Wohneinheiten mit einem kleinen Park mit Spielplatz im Zentrum absieht.

9. Städtebau

Über den Städtebau ist im vorigen Kapitel über die Architektur schon einiges gesagt worden, aber es gibt noch mehr erwähnenswerte Merkmale.

a) Altsteinzeit

In der Altsteinzeit standen die wenigen Hütten einer Niederlassung in loser Form beieinander – so, wie es sich aus der Bodenbeschaffenheit, dem Gefälle, dem Verlauf des Baches, dem Seeufer, dem Waldrand usw. ergab.

b) Jungsteinzeit

Die Häuser wurden nun in rechteckiger Form errichtet und standen ohne Lücke aneinander. Die Eingänge waren auf dem Dach. An Hängen standen die Häuser auch in Schichten übereinander, wobei diese Häuser-Schichten stufenweise nach hinten, also hangaufwärts, zurückwichen.

Die Außenmauern dieser Häuser bildeten eine natürliche Schutzmauer.

c) Königtum

Die Häuser-Konglomerate der Jungsteinzeit lösten sich in Häuser-Reihen auf und die Eingänge wanderten vom Dach (Luke) zur Außenmauer (Tür). Es gab auch lose und einzeln stehende Gruppen von Häusern. Nach und nach bildeten sich verschiedene Formen von Dörfern – links und rechts einer Straße, an den vier Ecken einer Straßenkreuzung, rings um einen Dorfplatz, völlig lose mit weiten Abständen zwischen den einzelnen Höfen usw.

Die Städte, die nun entstanden, waren meistens von einer Stadtmauer zum Schutz gegen Raubtiere und Räuber umgeben.

Die meisten Städte bestanden aus zwei Teilen – einem östlichen Teil (Sonnenaufgangs-Seite), in der die Menschen wohnten, und einem westlichen Teil (Sonnenuntergangs-Seite), in dem die Toten wohnten. Auf der Westseite befanden sich die Gräber, die Totentempel, die Pyramiden und die Göttertempel sowie oft auch ein künstlicher

See, durch den (symbolisch-rituell) die Sonne in ihrer Barke fuhr. In vielen Fällen lagen diese beiden Hälften der Stadt auf der Ostseite und auf der Westseite eines Flusses. Diese Form des Städtebaus findet sich vom Nil über den Euphrat und den Tigris bis hin an den Indus.

In der Spätzeit des Königtums wurden auch konzentrisch aufgebaute Städte errichtet, in deren Mitte der Tempel eines Gottes oder der Palast des Königs stand.

d) Materialismus

Die Städte des Materialismus sind rings um einen Kern gewachsen und haben schließlich alle Vororte mit in die Großstadt einbezogen. Diese Großstädte haben in der Regel keine geplante Form, sondern sind stückweise aus dem bereits Vorhandenen entstanden.

Sie haben sich zudem vor allem in ihrem Zentrum auch vertikal ausgeweitet: nach oben hin als Hochhäuser und nach unten hin als U-Bahnen und Tiefgaragen.

e) Globalisierung

Einen überzeugenden neuen Entwurf für Städte gibt es bislang noch nicht. Ein grundlegendes Problem für die Städte ist ihr großes Wachstum.

Vermutlich wird es erst dann eine neue Städteform geben, wenn das grundlegende Problem der Überbevölkerung gelöst worden ist und die Anzahl der auf der Erde lebenden Menschen von 7 Milliarden wieder auf 3-4 Milliarden reduziert worden ist.

Dieses grundlegende Problem der Überbevölkerung ist u.a. eindringlich in den beiden MCU-Filmen „Infinity-War" und „Endgame" beschrieben worden.

10. Kleidung

Auch die Kleidung hat eine Entwicklung durchgemacht – wobei man natürlich streiten kann, ob die Schneiderei ein Handwerk oder eine Kunst ist.

a) Altsteinzeit

Die Menschen konnten in Eurasien während der Eiszeit vor 600.000 Jahren bis vor 12.000 Jahren nur überleben, wenn sie eine beheizbare Hütte und warme Kleidung hatten, die deutlich über ein umgehängtes Fell hinausging. Diese Kleidung umfaßte mindestens einen Kittel mit Ärmeln, Leggings (Hosenbeine an einem Gürtel) und Schuhe. Dies war alles aus Fell hergestellt.

Die dafür notwendigen Werkzeuge sind aus der Eiszeit, also grob gesagt dem letzten Fünftel der Altsteinzeit, gut bekannt: Stein- oder Muschel-Schaber zum Reinigen der Felle, Klingen zum Zuschneiden der Felle, und Stichel zum Herstellen von kleinen Löchern in den Fellen, die dem Zusammennähen mithilfe von verzwirntem Tierdarm dienten.

Fortschrittlichere Werkzeuge wie Nadeln mit Öhr gibt es erst seit der späten Altsteinzeit vor ca. 40.000 Jahren.

b) Jungsteinzeit

Zunächst einmal blieb die Kleidung in der Jungsteinzeit genauso wie in der Altsteinzeit. Man kann sie sich in etwa wie die Lederkleidung der Prärie-Indianer vorstellen.

Als um 8500 v.Chr. der Ackerbau und die Viehzucht entwickelt wurden, kam die Kleidung aus Wolle hinzu, die dann schnell zum Standard wurde. In der Regel bestand diese Kleidung nur aus einem Kittel.

Felle trug man dann nur noch zu besonderen Gelegenheiten.

c) Königtum

Auch hier bleib die Wollkleidung zunächst noch allgemein üblich, aber sie wurde komplexer. Aus dem Kittel entwickelte sich u.a. die Tunika und aus dem Umhang die Toga.

Es wurden nun auch Fäden aus Leinen, Brenneseln und anderen Pflanzen hergestellt und diese dann zu Stoffen verwoben.

Insbesondere in der Spätzeit der Epoche des Königtums wurde die Kleidung der höheren Schichten immer prunkvoller.

d) Materialismus

In dieser Epoche hat sich die Baumwolle generell durchgesetzt und wurde durch chemische Fasern ergänzt. Die Standardkleidung besteht aus Unterwäsche, Hose, Hemd und Schuhen. Es gibt jedoch auch weiterhin ältere Formen der Kleidung wie lange, lose Gewänder, Umhänge, Toga-ähnliche Umhänge, um die Hüfte geschlungene Tücher u.ä.

Der Kittel wurde bei den Frauen zum Rock und zum Kleid, bei den Männern wurde der Kittel zum Hemd und wurde durch eine Hose ergänzt, die eine Weiterentwicklung der in den kalten Gegenden üblichen Leggings ist.

e) Globalisierung

Bislang sind noch keine neuen Entwicklungs-Tendenzen erkennbar. Es gibt lediglich ein gestiegenes Interesse an der Kleidung fremder Völker.

11. Färben und Sticken

Die Menschen haben schon immer die Neigung gehabt, ihre Kleidung auf verschiedene Weisen zu schmücken.

a) Altsteinzeit

Aus der Altsteinzeit kann man nur die Verwendung besonders schöner Felle als „schöne Kleidung" oder evtl. besonders buschige Felle als Kragen und am unteren Ende des Kittel vermuten.

In der späten Altsteinzeit tauchen geschnitzte Knochenperlen auf, die teilweise zu Hunderten an einem Kittel befestigt worden sind. Ähnliche Techniken sind auch von den Prärie-Indianern bekannt. Solche Kittel waren sehr aufwendig herzustellen. Es sind auch kleine Röhrenknochen, Federn und Stachelschweinborsten als Schmuckelemente an der Kleidung denkbar – wie sie ebenfalls von Indianern bekannt sind. Hier finden sich die Anfänge des Stickens.

Das Nacktsein wird in dieser Epoche noch normal gewesen sein.

b) Jungsteinzeit

In der frühen Jungsteinzeit blieb die Kleidung zunächst noch dieselbe wie in der späten Altsteinzeit.

Ab dem Anbau von Pflanzen ab 8500 v.Chr. gab es auch Pflanzenfasern und somit auch Pflanzenstoffe, die man durch Pflanzensäfte färben konnte. Durch die Verwendung von gefärbten Fäden beim Weben konnte man Muster erzeugen. Weiterhin konnte man mit gefärbten Fäden auch Muster sticken.

Da aus der Zeit um 7000 v.Chr. aus Çatal Höyük in Anatolien Wandgemälde bekannt sind, die sehr deutlich Stickereien nachahmen, muß es damals bereits gestickte Wandbehänge gegeben haben.

Die mögliche Vielfalt nahm also deutlich zu – aber die Standard-Kleidung wird noch lange Zeit einfach „naturweiß" gewesen sein, so wie sie u.a. auch von den Ägyptern bekannt ist.

Auch in dieser Epoche gibt es noch keine Anzeichen dafür, daß es üblich war, immer bekleidet zu sein.

c) Königtum

Es wurden nun nach und nach auch feinere und weichere Stoffe hergestellt. Kostbarere und aufwendig hergestellte Stoffe finden sich jedoch erst in der Spätzeit dieser Epoche.

In der ersten Hälfte dieser Epoche war Nacktheit noch normal, wie u.a. die Darstellungen nackter Bauern auf den Feldern zeigen.

d) Materialismus

Aufgrund der fortgeschrittenen technischen Möglichkeit der Herstellung von Fäden, des Webens, des Zuschnitts, des Bedruckens von Stoffen usw. gibt es in dieser Epoche eine große Vielfalt verschiedener Kleidung – sofern man sie sich leisten kann.

e) Globalisierung

Es ist eine deutliche Tendenz zu ökologisch erzeugten und verarbeiteten und zugleich haltbareren Textilien und zu gerechten Preisen für die Hersteller erkennbar.

12. Schmuck

Für den Schmuck gilt dasselbe wie für die „schönen Stoffe" in dem letzten Kapitel: Die Menschen haben schon immer eine Neigung zum Schönen und zum Schmücken gehabt.

a) Altsteinzeit

Aus der Altsteinzeit ist als Schmuck eigentlich nur die Körperbemalung bekannt. Es hat aber durchaus ein Interesse an den schönen und besonderen Dingen gegeben wie z.B. der Fund einer Sammlung von etlichen Meteoriten zeigt, die von Menschen in der Altsteinzeit angelegt worden ist.

Das Schmücken mit Federn im Haar u.ä. ist gut denkbar, aber leider nicht direkt nachweisbar. Auch das Durchstechen der Ohrläppchen, in die dann ein geschnitzter Knochen gesteckt wird, ist gut denkbar, aber ebenfalls nicht direkt nachweisbar. Da es jedoch beides (und ähnliche andere Schmuckformen) bei bei Naturvölkern häufig vorkommt, wird es beides auch schon in der Altsteinzeit gegeben haben.

b) Jungsteinzeit

Aus der frühen Jungsteinzeit gibt es auch keine direkten Nachweise für Schmuck. Allerdings wurde in der mittleren Jungsteinzeit das Schmieden entdeckt, sodaß es nun Ringe, Amulette u.ä. gab. Auch Perlen aus gebranntem und bemaltem Ton wurden hergestellt.

Es scheint allerdings keinen allgemeinen Brauch, sich zu schmücken, gegeben zu haben.

c) Königtum

Aus der ersten Hälfte dieser Epoche sind vor allem aufwendig hergestellte Halsketten bekannt. In der zweiten Hälfte dieser Epoche wurden dann auch Halsreifen, Ringe, Haarreifen, Kronen u.ä. üblich.

Derartiger Schmuck scheint aber weiterhin den höheren Schichten vorbehalten gewesen zu sein.

d)   Materialismus

In dieser Epoche wurde der industrielle hergestellte und damit auch billige Schmuck allgemein erschwinglich. Es handelt sich dabei vor allem um Ringe, Halsketten, Ohrringe und seltener auch Armreifen.

e)   Globalisierung

An neuen Entwicklungstendenzen ist lediglich ein Interesse an „Tribal Art", also an Schmuck und Ornamenten von Naturvölkern erkennbar.

IV Zusammenfassung

Die Gesamtentwicklung einschließlich der Entwicklung der Kunst läßt sich am einfachsten anhand einer Tabelle erkennen, in der die wesentlichsten Merkmale aller Bereiche aufgeführt sind.

Es ist hilfreich, in diese Tabelle sowohl quer (Zeilen = Bereiche) als auch senkrecht (Spalten = Epochen) zu lesen und ihren Inhalt zu vergleichen.

Die Entwicklung der Kunst					
Bereich	**Epoche**				
	Altsteinzeit	*Jungstein-zeit*	*Königtum*	*Materialis-mus*	*Globalisie-rung*
- Grundlagen -					
Logik	Assoziation	Analogie	Prinzip	Formel	Zusammen-hang
Sprache	Substantive	Grammatik	Logik-Partikel	Wortschatz	?
Weltbild	Mutter	Mythologie	Gott-König	Wissen-schaft	Globalisie-rung
Religion	Große Mutter	Götter	Ein Gott	Wissen-schaft	Vielfalt
Magie	Assoziation	Analogie	Gottes-wirkung	Technik	?
Heilung	Kontakt	Analogie	Gebet	Medizin	Vielfalt
Politik	Fähigkeit zählt	Erfahrung zählt	König	Demokratie	Kooperation
Gerechtig-keit	Fähigkeit zählt	Ältestenrat	Wille des König	Gesetz	Vielfalt

Die hier aufgeführten Merkmale der allgemeinen Entwicklung haben auch die Entwicklung der verschiedenen Künste geprägt, wie sich in der Übersicht auf der nächsten Seite zeigt.

Die Entwicklung der Kunst					
Bereich	**Epoche**				
	Altsteinzeit	*Jungsteinzeit*	*Königtum*	*Materialismus*	*Globalisierung*
- Kunst -					
Dichtung	Wortkombinationen	inhaltliche Reime	formale Reime	SprachExperimente	Vielfalt
Musik	freie Tonfolgen	Tonleitern, Takt, Refrain	komplexe Musik	experimentelle Musik	Vielfalt
Tanz	Pantomime	Rhythmus, TänzerReihen	komplexe Choreographie	freier Tanz	Vielfalt
Schauspiel	Pantomime	Kult	Schauspiel	AlltagsDarstellung	KooperationsDarstellung
Malerei	Einzelmotive	GruppenMotive	Standlinie, Formalisierung	individuell	Kooperation
Körperbemalung u.ä.	Ocker, Piercing	Ocker, Piercing, Tattoos	Symbole	individuell	Vielfalt
Bildhauerei	Statuetten, Tier-Statuen	Tempelpfeiler, Statuetten	Großwerke	individuell	Vielfalt
Architektur	Rundhütten	eckige Häuser	große Häuser	Etagengebäude	?
Städtebau	lose Gruppe	Konglomerat	Stadt mit Zentrum	Großstadt	?
Kleidung	Felle	gewebte Stoffe	Prunk	individuell	Vielfalt
Färben, Sticken	Perlen, Federn	Färben, farbiges Weben, Sticken	Prunk	individuell	Vielfalt
Schmuck	Perlen, Federn	Ringe, Amulette	Prunk	individuell	Vielfalt

Bücher von Harry Eilenstein

- The Synthesis of Physics and Magic (192 p.)
- Telepathy for Beginners (60 p.)
- Telepathy for Advanced Learners (52 p.)
- Telekinesis for Beginners (56 p.)
- Life Force for Beginners (76 p.)
- Kundalini for Beginners (104 p.)
- Astral Projection for Beginners (60 p.)
- Meditation for Beginners (60 p.)
- Prophecy for Beginners (60 p.)
- Ritual Magic for Beginners (64 p.)
- Magic Chant for Beginners (108 p.)
- Invocations for Beginners (52 p.)
- Evocations for Beginners (62 p.)
- Auto-Movement for Beginners (60 p.)
- Elves for Beginners (56 p.)
- Hypnosis for Beginners (56 p.)
- Love Magic for Beginners (52 p.)

- Money Magic for Beginners (60 p.)
- Magic Objects for Beginners (64 p.)
- Shamanism for Beginners (52 p.)
- Chakra-Magic for Beginners (148 p.)
- Language of the Moon – for Beginners (128 p.)
- Self Knowledge for Beginners (60 p.)
- Da'ath-Magic for Beginners (64 p.)
- Astrology for Beginners (112 p.)
- Number Symbolism for Beginners (64 p.)
- Mandalas for Beginners (76 p.)
- Crop Circles for Beginners (344 p.)
- Feng Shui for Beginners (96 p.)
- Magic Research for Beginners (140 p.)

- Magic for Beginners – Anthology I (636 p.)
- Magic for Beginners – Anthology II (616 p.)
- Magic for Beginners – Anthology III (684 p.)
- Magic for Beginners – Anthology IV (580 p.)

Religion allgemein
- Die sieben Schritte des Lebens (428 S.)
- Muttergöttin und Schamanen (168 S.)
- Totempfähle (440 S.)
- Der Urriese (168 S.)

Jungsteinzeit
- Göbekli Tepe (472 S.)
- Die Göttin von Göbekli Tepe (144 S.)

Ägypten
- Hathor und Re 1: Götter und Mythen im Alten Ägypten (432 S.)
- Hathor und Re 2: Die altägyptische Religion – Ursprünge, Kult und Magie (396 S.)
- Isis (508 S.)

Christentum
- Christus (60 S.)
- Die Biographie des Teufels (144 S.)

Indogermanen
- Die Entwicklung der indogermanischen Religionen (700 S.)
- Wurzeln und Zweige der indogermanischen Religion (224 S.)

Griechen
- Pan (336 S.)
- Poseidon (668 S.)

Inder
- Dakini (80 S.)
- Vajra (76 S.)

Germanen
- Die Götter der Germanen (87 Bände – siehe nächste Seite)
- Odin (300 S.)

Kelten
- Cernunnos (690 S.)
- Taliesin (228 S.)
- Der Kessel von Gundestrup (220 S.)
- Der Chiemsee-Kessel (76)

Psychologie
- Über die Freude (100 S.)
- Das Geheimnis des inneren Friedens (252 S.)
- Das Beziehungsmandala (52 S.)
- Gefühle und ihre Verwandlungen (404 S.)
- einsgerichtet (140 S.)
- Liebe und Eigenständigkeit (216 S.)
- Von innerer Fülle zu äußerem Gedeihen (52 S.)

Heilung
- Die Symbolik der Krankheiten (76 S.)

Kunst
- Herz des Tanzes – Tanz des Herzens (160 S.)
- Die Wurzeln der Kunst (60 S.)
- Wege zur Musik-Improvisation (32 S.)

Drama
- König Athelstan (104 S.)

„Magie für Anfänger“

- Telepathie für Anfänger (60 S.)
- Telepathie für Fortgeschrittene (52 S.)
- Telekinese für Anfänger (52 S.)
- Analogien für Anfänger (56 S.)
- Lebenskraft für Anfänger (60 S.)
- Meditation für Anfänger (56 S.)
- Kundalini für Anfänger (100 S.)
- Hypnose für Anfänger (56 S.)
- Auto-Movement für Anfänger (56 S.)
- Chakra-Magie für Anfänger (148 S.)
- Astralreisen für Anfänger (56 S.)
- Astrologie für Anfänger (120 S.)
- Silberschnüre für Anfänger (52 S.)
- Zaubersprüche für Anfänger (60 S.)
- Ritual-Magie für Anfänger (56 S.)
- Mandalas für Anfänger (68 S.)
- Geldzauber für Anfänger (56 S.)
- Liebeszauber für Anfänger (52 S.)
- Invokationen für Anfänger (52 S.)
- Evokationen für Anfänger (60 S.)
- Geister für Anfänger (52 S.)
- Elfen für Anfänger (56 S.)
- Magie-Forschung für Anfänger (140 S.)
- Magie-Romantik für Anfänger (60 S.)
- Selbsterkenntnis für Anfänger (52 S.)
- Einweihungen für Anfänger (60 S.)
- Drogen-Kabbala für Anfänger (216 S.)
- Zahlensymbolik für Anfänger (60 S.)
- Die Sprache des Mondes – für Anfänger (116 S.)
- Zaubergesänge für Anfänger (100 S.)
- Zukunftschau für Anfänger (60 S.)
- Schamanismus für Anfänger (52 S.)
- Schwitzhütten für Anfänger (52 S.)
- Magische Gegenstände für Anfänger (68 S.)
- Zaubertränke für Anfänger (64 S.)
- Magie-Gesten für Anfänger (252 S.)
- Da'ath-Magie für Anfänger (64 S.)
- Kornkreise für Anfänger (348 S.)
- Feng Shui für Anfänger (96 S.)
- Tao für Anfänger (112 S.)
- Magie für Anfänger – Sammelband I (696 S.)
- Magie für Anfänger – Sammelband II (664 S.)
- Magie für Anfänger – Sammelband III (580 S.)
- Magie für Anfänger – Sammelband IV (700 S.)
- Magie für Anfänger – Sammelband V (S.)

„Traumreisen“

- Traumreisen zu Heilpflanzen (700 S.)

Magie

- Handbuch für Zauberlehrlinge (408 S.)
- Tarot (104 S.)
- Physik und Magie (184 S.)
- Die Synthese von Physik und Magie (200S.)
- Die Magie-Formel (156 S.)
- Schwarze Löcher in der Magie (56 S.)
- Krafttiere – Tiergöttinnen – Tiertänze (112 S.)
- Schwitzhütten (524 S.)
- Mythen und Magie der Harfe (116 S.)
- Drei Adeptus Major Rituale (192 S.)

Meditation

- Der Lebenskraftkörper (230 S.)
- Die Chakren (100 S.)
- Das Chakren-System mit den Nebenchakren (296S.)
- Organe und Chakren (64 S.)
- Die platonischen Körper in den Chakren (156 S.)
- Meditation (140 S.)
- Drachenfeuer (124 S.)
- Kundalini I (676 S.)
- Kundalini II (672 S.)
- Reinkarnation (156 S.)
- einsgerichtet (140 S.)

Astrologie

- Astrologie (496 S.)
- Photo-Astrologie (428 S.)
- Die astrologischen Aspekte (88 S.)
- Horoskop und Seele (120 S.)

Kabbala

- Kursus der praktischen Kabbala (150 S.)
- Eltern der Erde (450 S.)
- Blüten des Lebensbaumes:
    - Die Struktur des kabbalistischen Lebensbaumes (370 S.)
    - Der kabbalistische Lebensbaum als Forschungshilfsmittel (580 S.)
    - Der kabbalistische Lebensbaum als spirituelle Landkarte (520 S.)

Eilenstein, Frater V.D., Knecht, Büdenbender

- Magie heute – Berichte aus der Praxis (288 S.)
- Living Magic (261 p.)

Büdenbender, Eilenstein

- Chaos, Alk und Magic (436 S.)

Die Themen der 87 Bände der Reihe „Die Götter der Germanen"

1. Die Entwicklung der germanischen Religion	44. Die Symbolik der Wassertiere und sonstigen Tiere
2. Lexikon der germanischen Religion	45. Die Symbolik der Pflanzen
3. Der ursprüngliche Göttervater Tyr	46. Die Symbolik der Farben
4. Tyr in der Unterwelt: der Schmied Wieland	47. Die Symbolik der Zahlen
5. Tyr in der Unterwelt: der Riesenkönig Teil 1	48. Die Symbolik von Sonne, Mond und Sternen
6. Tyr in der Unterwelt: der Riesenkönig Teil 2	49.a Das Jenseits I – Das Hügelgrab
7. Tyr in der Unterwelt: der Zwergenkönig	49.b Das Jenseits II – Der Jenseitsweg
8. Der Himmelswächter Heimdall	50. Seelenvogel, Utiseta und Einweihung
9. Der Sommergott Baldur	51. Wiederzeugung und Wiedergeburt
10. Der Meeresgott: Ägir, Hler und Njörd	52. Elemente der Kosmologie
11. Der Eibengott Ullr	53. Der Weltenbaum
12. Die Zwillingsgötter Alcis	54. Die Symbolik der Himmelsrichtungen und der Jahreszeiten
13. Der neue Göttervater Odin Teil 1	55.a Mythologische Motive I
14. Der neue Göttervater Odin Teil 2	55.b Mythologische Motive II
15. Der Fruchtbarkeitsgott Freyr	56. Der Tempel
16. Der Chaos-Gott Loki	57. Die Einrichtung des Tempels
17. Der Donnergott Thor	58. Priesterin – Seherin – Zauberin – Hexe
18. Der Priestergott Hönir	59. Priester – Seher – Zauberer
19. Die Göttersöhne	60. Rituelle Kleidung und Schmuck
20. Die unbekannteren Götter	61. Skalden und Skaldinnen
21. Die Göttermutter Frigg	62. Kriegerinnen und Ekstase-Krieger
22. Die Liebesgöttin: Freya und Menglöd	63. Die Symbolik der Körperteile
23. Die Erdgöttinnen	64.a Magie und Ritual I
24. Die Korngöttin Sif	64.b Magie und Ritual II
25. Die Apfel-Göttin Idun	64.c Magie und Ritual III
26. Die Hügelgrab-Jenseitsgöttin Hel	65. Gestaltwandlungen
27. Die Meeres-Jenseitsgöttin Ran	66.a Magische Angriffs-Waffen
28. Die unbekannteren Jenseitsgöttinnen	66.b Magische Verteidigungs-Waffen
29. Die unbekannteren Göttinnen	67. Magische Werkzeuge und Gegenstände
30. Die Nornen	68. Zaubersprüche
31. Die Walküren	69. Göttermet
32. Die Zwerge	70. Zaubertränke
33. Der Urriese Ymir	71. Träume, Omen und Orakel
34. Die Riesen	72. Runen
35. Die Riesinnen	73. Sozial-religiöse Rituale
36. Mythologische Wesen	74. Weisheiten und Sprichworte
37. Mythologische Priester und Priesterinnen	75. Kenningar
38. Sigurd/Siegfried	76. Rätsel
39. Helden und Göttersöhne	77. Die vollständige Edda des Snorri Sturluson
40. Die Symbolik der Vögel und Insekten	78. Frühe Skaldenlieder
41. Die Symbolik der Schlangen, Drachen und Ungeheuer	79.a Mythologische Sagas I
42.a Die Symbolik der Herdentiere I	79.b Mythologische Sagas II
42.b Die Symbolik der Herdentiere II	80. Hymnen an die germanischen Götter
43. Die Symbolik der Raubtiere